高校大学英语课程体系构建与教学改革研究

潘桂妹 著

全国百佳图书出版单位
吉林出版集团股份有限公司

图书在版编目（CIP）数据

高校大学英语课程体系构建与教学改革研究/潘桂妹著. --长春:吉林出版集团股份有限公司,2024.4
ISBN 978-7-5731-4948-0

Ⅰ.①高…Ⅱ.①潘…Ⅲ.①英语－教学研究－高等学校Ⅳ.①H319.3

中国国家版本馆CIP数据核字(2024)第090436号

GAOXIAO DAXUE YINGYU KECHNEG TIXI GOUJIAN YU JIAOXUE GAIGE YANJIU
高校大学英语课程体系构建与教学改革研究

著　　者：潘桂妹
责任编辑：欧阳鹏
封面设计：冯冯翼
开　　本：787mm×1092mm　1/16
字　　数：200千字
印　　张：8.5
版　　次：2024年4月第1版
印　　次：2024年4月第1次印刷

出　　版：吉林出版集团股份有限公司
发　　行：吉林出版集团外语教育有限公司
地　　址：长春市福祉大路5788号龙腾国际大厦B座7层
电　　话：总编办：0431-81629929
印　　刷：长春新华印刷集团有限公司

ISBN 978-7-5731-4948-0　定　　价：51.00元
版权所有　侵权必究　举报电话：0431-81629929

前　　言

　　社会生活的信息化和经济的全球化使英语的重要性日益凸显。英语作为最重要的信息载体之一，已经成为人类社会各个领域中使用最广泛的语言之一，英语能力已成为工作生活的必备技能。在我国的高等教育体系中，大学英语是其重要的组成部分，是我国各大高校的核心通识课程。它在提升学生的英语综合应用能力、向国家输送高素质的英语人才等方面发挥着极其重要的作用。随着社会进程的加快，大学英语教学也在不断地进步与改革，因此特对大学英语教学体系与改革进行探讨，以期更好地指导大学英语教学。

　　英语课程的教学目的是经过学习，使学生较好地掌握英语基础知识和技能，具有一定的听、说、读、写、译能力，从而能借助词典阅读和翻译有关英语业务资料，在涉外交际的日常活动和业务活动中进行简单的口头和书面交流，并为今后继续提高英语交际能力打下基础。因此，在大学英语课程体系和教学模式的改革和实践中，应该遵循的指导思想是：将巩固学生的语言基础与学以致用相结合；着力培养学生的应用能力和实用能力；在发展学生的读、译、写能力的同时，使学生的听、说能力也得到一定程度的发展；尽可能地进行分类分层次教学，对不同类型的学生进行因材施教，提高他们的学习兴趣和效率。

　　教学内容的改革是深化外语教学改革的重要途径，而教学内容的改革最终要落实到课程体系的构建上。本书基于高校学生及教师对大学英语课程需求调查的研究结果，立足于现实，依据学校定位和人才培养目标精心构建更为科学、合理，顺应社会发展及学生英语学习个性化需求的大学英语课程体系。

　　在本书的编写过程中，笔者参阅了国内外大量的相关教材、著作和论文，参考了很多专家、学者的观点，在此一并表示深深的感谢！由于笔者水平所限，加之时间仓促，书中难免存在不足之处，恳请各位专家和读者批评指正，多提宝贵意见，以便再版时修改，使本书日臻完善。

2023 年 4 月

目 录

第一章　高校大学英语教学综述 …………………………………………………… 1
　第一节　高校大学英语教学的要素 ……………………………………………… 2
　第二节　高校大学英语教学的原则 ……………………………………………… 18
第二章　高校大学英语课堂教学基础理论 ………………………………………… 25
　第一节　高校大学英语课堂教学的意义与构成 ………………………………… 26
　第二节　高校大学英语课堂教学的特点与要求 ………………………………… 32
　第三节　高校大学英语课堂教学的类型与环节 ………………………………… 36
第三章　高校大学英语课程体系建设 ……………………………………………… 43
　第一节　高校大学英语课程设置 ………………………………………………… 44
　第二节　高校大学英语课程体系构建理论与现状 ……………………………… 47
　第三节　高校大学英语立体课程体系建设 ……………………………………… 50
第四章　高校大学英语课堂教学策略与模式 ……………………………………… 55
　第一节　高校大学英语课堂教学策略 …………………………………………… 56
　第二节　高校大学英语课堂教学模式 …………………………………………… 67
第五章　高校大学英语教学的改革与创新 ………………………………………… 85
　第一节　高校大学英语教学改革的必要性 ……………………………………… 86
　第二节　高校大学英语教学方法改革 …………………………………………… 92
　第三节　高校大学英语教学模式创新 …………………………………………… 99
第六章　高校大学英语课程评价 …………………………………………………… 119
　第一节　高校大学英语课程评价的内容 ………………………………………… 120
　第二节　高校大学英语课程评价的类型 ………………………………………… 124
　第三节　高校大学英语课程评价的方法 ………………………………………… 125
参考文献 ……………………………………………………………………………… 129

第一章 高校大学英语教学综述

我国英语教学经过几十年的发展，已经取得了可喜的成绩。但是不可否认的是，当前英语教学仍然存在诸多亟须解决的问题。本章主要对高校大学英语教学的基本内容进行了探讨，包括高校大学英语教学的要素和高校大学英语教学的原则两方面的内容。

第一节　高校大学英语教学的要素

教师、学生、教学内容和教学环境是大学英语教学的四大要素，教师是教学活动的指导者和监督者；学生是教学活动的主要参与者；教学内容是教师开展教学活动的重要依据；教学环境是保证教学活动顺利开展的必要保证。通过对教师、学生、教学内容和教学环境这四大要素的分析，可以使人们对大学英语教学要素有一个整体的认识和把握，从而确保大学英语教学活动顺利、有效地开展。

一、教师

（一）教师的角色

教师是教学活动的主要组织者，也是教学效果的重要影响因素。教师在教学活动中不仅要发挥主导作用，还要对自身的角色有充分的认识。

教师的角色也就是教师在教学过程中的职责和教师的职业特点。教师不仅是知识的传授者，还扮演着很多角色。下面会对这些角色进行具体分析。

一是知识的传授者。教师是知识的传授者，教学活动是学生获取信息的主要途径之一，因此教师在教学活动中不仅要为学生传授学习策略和方法，还需要教授学生做人的道理，使学生身心及知识得到同步发展。

二是课堂的控制者。教师的控制力能有效地帮助教师充分发挥主导作用，克服教学随意性，以取得较好的教学效果。这种控制力不仅仅体现在教师对学生的约束上，还体现在教师的自我控制力上，其主要表现为熟悉课堂教学基本要求，严格按照教案合理掌握教学时间等。

三是行为的评价者。教师要对学生的行为进行监督，纠正学生所犯的错误，并积极组织反馈。教师在对学生进行评价时，态度应温和，同时也不可小题大做。积极组织反馈能够帮助教师了解学生的知识掌握情况。

四是活动的组织者。教师在教学活动中应向学生详细说明教学任务，从而使学生清楚地了解自己的活动任务和目标以及活动之后评价反馈的方式等，使学生对教学活动有总体的了解，进而合理分配自己的注意力。

五是活动的促进者。学生在教学活动，如发言、回答问题、完成任务等过程中难免会遇到困难，作为活动的促进者，教师需要为学生提供必要的帮助，或者提示学生将新旧知识进行融合，继而构建新的知识经验体系。

六是活动的参与者。教师不仅是活动的组织者和促进者，同时还是活动的重要参与者。教师参与教学活动不仅有利于教学任务的顺利完成，还可以活跃课堂气氛，增进师生之间的感情。

七是资源提供者。教师是教学活动的资源提供者，不仅可以向学生提供教学活动中所需要的背景知识、答案、范例等，还可以在教学活动中为学生提供必要的帮助。

八是研究者。教师既是教学活动的组织者，又是知识的研究者，每一位教师都具有这样的双重身份。作为研究者，教师不仅需要具有扎实的专业知识，还要有明确的研究方向和责任，并善于发现问题、解决问题，将科研和课堂教学结合起来，提高自身的教学水平。

九是激励者。教师的激励者角色是针对学生而言的，学生是课堂活动的中心，教师要引导、鼓励并促进学生学习。作为一位好的激励者，教师不但需要拥有渊博的知识，同时还需要具有激励学生的能力。

由上可知，教师的角色并不是单一的，而是多元化的，这些角色来源于社会、学校、家长和学生的要求和期望，教师在教学活动中需要在这些角色中自由转换。

（二）新教师的成长

1. 新教师的困惑

虽然每一位刚刚踏上讲台的教师都会对自己的事业充满新鲜感和使命感，但同时也会产生一定的困惑，这是成为一位优秀教师的必经之路，这一阶段通常会持续3～5年的时间，这一阶段被称为新教师的"成长期"。处于成长期的教师一般具有以下特点。

（1）教学的理想图式与现实环境不一致。新教师在从事了几年教学工作之后，会逐渐对教育教学工作的开展形成设想，这种设想便是"理想图式"。这种理想图式的形成受很多因素的影响，如受教师在校期间所学专业知识的影响，教师在学生时期某一位老师的影响等，因此教师所形成的理想图式具有自己的特点，各不相同。

新教师走上工作岗位之后便会发现，现实教学环境与自己的理想图式并不完全一致，这种不一致性会给教师带来困惑，使新教师感到迷茫。例如，新教师对于课堂的组织和控制能力较弱，但这对于有经验的教师而言却是轻而易举的事。现实的课堂中总会出现一些突发状况，使教学活动无法按照预先设定的程序进行，新教师的课堂控制图式很难在现实课堂中得到应用。除此之外，新教师坚信以学生为中心开展教学活动是教学的基本原则，而在具体的教学活动中，这样的教学设计很容易使课堂失控。长此以往，新教师便会在教学活动中产生困惑，甚至感到迷茫。

（2）忙于应对日常工作而疏于专业发展的思考。新教师在教学活动之初，必然会因忙于应对日常教学工作而花费大量的时间，进而疏于对个人专业发展的思考。很多教师在刚刚走上教师岗位的时候，便发现自己忘记了很多英语词汇及相关知识，或对于一些语法知识的掌握不扎实，这些都是疏于个人专业发展的结果。很多新教师由于日常教学事务繁忙，便会回避甚至忽略对个人专业发展的思考，这会在很多方面对教师的教学工作造成影响。除此之外，新教师在开展工作之初，还具有以下几个特点。

第一，摸索寻找应对日常工作的程序和方法。

第二，教师亦步亦趋地按照规章制度开展教学活动。

第三，对于学生的学习成效无暇顾及。

2. 新教师的发展模式

（1）国外新教师的发展模式。国外新教师的发展模式有很多种，其中比较有代表性的是技术学习模式、文化适应模式以及反思实践模式。下面就对这三种模式一一进行分析。

第一，技术学习模式。技术学习模式也可以被称作"知识技能模式"，它强调的是教师开展课堂教学所需的知识和技能。

作为一名教师，不但要具备丰富的专业知识，还要与时俱进，不断学习新知识，弥补自己在学科专业知识上的不足。只有这样，新教师才能在教学中融会贯通。

除此之外，学科教学知识也是新教师必须具备的。学科教学知识主要指学生应掌握的学科知识，主要包括例子、实验、判断等。教师所面对的一般是具有不同背景的学生，因此他们需要拥有丰富的学科教学知识来应对学生的差异性。这就使得教师的学科教学知识不仅要与学科知识相关，还要与教学策略的实施以及对学生的能力、兴趣的判断有关。

第二，文化适应模式。文化适应模式强调的是专业发展中的社会化进程，即新教师适应工作所在地的教育教学文化（尤其是所在学校的文化）的过程。[①] 教学活动受到所在教学单位文化的影响，这些影响会对新教师在校学习期间所形成的以学生为中心的理想图式造成冲击。

第三，反思实践模式。反思实践模式指教师对教学活动的反思作用。教学反思可以帮助教师对自身的教学活动进行分析、讨论和评估。教学反思主要有两种，即同步反思和事后反思。同步反思指教师在教学过程当中对自己的教学进行监控和调整。事后反思指在教学之后对事件进行反思。教学活动具有复杂性和不可预测性，教师不可能完全按照教案来进行实际教学，需要在教学中实施反思，在监控和反思中不断对教学活动做出调整。

---

① 鲁子问. 英语教学论（2版）[M]. 上海：华东师范大学出版社，2010：46.

（2）国内新教师的发展模式。我国的新教师的发展模式被称为"种子发展模式"，该模式主要遵循"融合守本"的发展原则以及"分秧成林"的布局原则，使教师像种子一样在新的教学文化土壤中生根发芽，在从土壤中汲取养分的同时保持自身新生力量的本质。

第一，"融合守本"的发展原则。该原则要求教师既要学习并适应教学所在地的文化，又要坚守自己已有的先进教育理念。新教师的成长具有一定的阶段性，一般能够发挥自己的主观能动性去完成具体的工作任务。然而这种适应并不包括对当地教育文化的适应，当缺乏这种意识时就会产生教学理想图式与现实不一致的困惑。

新教师的发展模式主张新教师有意识地去适应工作所在地的教学文化以适应专业发展的要求。只有教师真正地融入当地教育文化中，才能有意识地协调理想图式与现实教学图式不一致的情况。

新教师在努力适应当地教育文化的同时，还应该保持先进的教学理念。新教师所接受的都是最新的师范教育，学习的也是最先进的教学理念。所有的新教师都有坚持先进教育理念的义务。

第二，"分秧成林"的布局原则。分秧成林的布局原则强调新教师在融合守本发展的基础之上，积极思考专业发展的方向，为以后的专业发展奠定了良好的基础。

（三）教师的基本素质

1. 心理素质

心理素质是一个人的情感、意志和性格的总体反映，因此教师应具有良好的心理素质。只有具有良好心理素质的教师才更容易得到学生的认可并受到学生欢迎。很多学生会产生移情心理，即将对某位教师的喜爱转移到其教授的课程上。因此，想要成为一位优秀的教师，首先应该成为学生喜欢并崇敬的教师。教师的心理素质主要体现在情感、意志和性格方面。

在情感方面，教师应该对英语教育事业有着极大的热忱，并愿意为之付诸行动和努力。学生是祖国的未来，承担着实现中华民族伟大复兴的历史使命，学生素质的高低将直接影响我国未来的发展。因此，每一位教师都应该具有高度的责任感。正如某位作家在文中所说："多学一种语言，不仅是多打开一扇窗子，多一种获取知识的桥梁，而且是多一个世界，多一个头脑，多一重生命。"英语教师应该充分认识到英语的教学价值。除此之外，教师还应该喜欢自己的学生，对每一个学生都一视同仁。学生不仅是知识的接收者，还是教师教学生命的延续，学生的进步体现着教师的价值。每一个学生都来自不同的家庭，每个家庭都具有自己的特殊性，学生也具有个性，教师应充分认识并尊重学生的特殊性，以求形成融洽和谐的师生关系。

在意志方面，教师应该具有克服困难的决心和勇气。教学活动中遇到的问题在书本中并不一定都能找到答案，因此教师必须在教学实践中要不断探索，不断寻求解决问题的方法。英语学习之路漫长而艰辛，学生必须有恒心，这也要求教师必须具有持之以恒的意志。除此之外，教师还应该学会控制自己的情绪，不把生活中的烦恼带入工作中，不将不良情绪带入课堂中。

在性格方面，英语教师要热情活泼、风趣幽默，以此来激发学生的学习热情；要治学严谨，沉着冷静，井然有序地组织教学活动。

2. 文化素质

文化素质指英语教师应该掌握英语国家以及我国的文化背景知识。语言是文化的载体，任何一种语言的学习都与文化有着密切的关系。因此，学习英语时，学生不仅需要掌握与英语相关的专业知识，还需要对英语国家的文化有所了解。教师作为知识的传授者，应对英语国家，包括英国、美国、澳大利亚、新西兰、加拿大等国家的历史、地理、文学、风土人情、风俗习惯、人物典故等方面有一个全面的了解。任何一种文化都具有其优点和缺点，教师应该具有较高的文化鉴赏力，取其精华、去其糟粕，并积极引导学生吸收西方文化的优秀部分，摒弃腐朽落后的部分。

教师的文化素质还应该体现在知识面的广度上。在大学英语教学阶段，教师除了要教授学生语言知识、培养学生语言技能之外，还应该扩展自身知识面，使学生了解语言的百科知识。其中，英语课文不仅包含英语方面的知识，还蕴含了大量的文史哲以及自然科学等学科的知识，这些知识是需要学生学习的。因此，英语教学不能仅停留在语言知识的传授上，而应该充分利用语言是信息载体的这一特性，让学生在吸收语言知识的同时，获得百科知识。

3. 语言素质

语言素质是指教师应该具备的英语语言综合水平。英语语言综合水平体现在很多方面，如教师除了应掌握英语语音和语法知识体系，具有充足的词汇量外，还应该熟练掌握英语听、说、读、写、译等技能。

对于英语学习而言，语言输入的重要性不容忽视。语言输入是学生学习语言的基础，只有通过大量的语言输入才有可能产生语言输出。在我国，学生学习英语时最先接触到的是教师的口语，学生多是模仿教师的发音进行学习。因此，教师语言的流利性和正确性则成为学生英语学习的关键。教师必须严格要求自己，确保为学生提供正确规范的英语口语示范，丰富学生的语言输入，同时教师的英语水平也会在无形中对学生产生影响，教师流利准确的英语表达也可以为学生树立学习榜样，使学生更好地学习英语。

在教育领域流传着这样一种说法："要给学生一杯水，教师要有一桶水，而且这桶水必须是新鲜流动的。"教师的语言素质是教学活动顺利开展的保障，只有具备了较高的语言水平，教师才能够为学生解答课堂内外的问题。

4. 理论素质

语言的学习内容繁多，不仅包括语音、词汇、语法等具体的知识，而且包括新的文化、新的思维方式等。英语作为一种语言，其使用与性别、年龄、受教育水平、职业等有着密切的关系，人们在使用英语进行交际时需要考虑很多因素。因此，英语教师要广泛涉猎各学科的知识，如心理语言学、社会语言学、应用语言学、语言测试理论等。有学者曾指出，教师的理论素质具有两方面的作用。①

（1）使教师理解并认识语言的本质，提高自身的语言素养和语言使用能力。

（2）使教师能够在语言教学活动中，自觉地遵守语言习得和发展的规律，选择和使用符合语言使用规律的教学方法。

综上所述，教师只有具备良好的理论素质，才能够更深刻地理解教学要求和教学方法的本质。如果教师缺乏基本的理论素质将严重影响我国英语教学研究的进展。中国的英语学习群体不断扩大，英语教师队伍也在不断壮大，一旦缺乏系统的英语教学研究成果，将导致人们很难掌握英语学习的规律，使英语学习变得更加困难。

5. 驾驭教材的素质

优秀的教师能够驾驭教材，这种驾驭能力主要体现在正确合理地评价和使用教材上。

（1）教师能够对教材的优劣进行基本的评价。教师不仅要在课堂上为学生讲解英语专业知识，还需要为学生选择合适的教材。除了主教材外，教师还需要为学生选择合适的辅导教材，这就需要教师具备基本的教材评价能力。教材评价一般包括以下几点。

第一，教学的指导思想。

第二，所采用的教学方法。

第三，教材内容的选择和安排。

第四，教材的组成部分。

第五，教材的设计。

第六，教材中语言素材的真实性和地道性。

（2）在教材的使用方面，教师应结合实际教学需要，灵活地、有创造性地使用教材，对教材的内容、教学顺序、教学方法等进行适当的调整。具体做法如下。

第一，对教材内容进行适当的补充和删减。

第二，替换教学内容和活动。

第三，扩展教学内容或活动步骤。

第四，调整教学顺序。

第五，调整教学方法。

---

①崔刚，孔宪遂．英语教学十六讲［M］．北京：清华大学出版社，2009：73．

第六，总结教材使用情况。

6. 教学实践素质

教学实践素质是指教师的实际教学能力。具体表现在传授和培养英语知识和技能的能力、教学的组织能力及综合教学技能方面。

传授和培养学生英语知识和技能的能力主要体现在以下几个方面。

（1）善于讲解。讲解是教师的一项基本技能，教师的讲解能力直接影响学生的英语学习效果。善于讲解的教师能够将复杂的知识简单化，易于学生理解。要做到讲解清晰明了、通俗易懂，教师需要做好准备工作，突出教学重点，并根据教学内容的不同选择合适的教学方法。

（2）善于示范。英语教学不仅要传授知识，还要培养学生的英语技能。我国现阶段的技能训练多依赖于教师的示范。教师的示范应正确且重点突出。除此之外，为了便于学生模仿，教师的示范还应与学生实践相结合。

（3）善于提问启发。提问是英语教学的重要手段之一。教师提出的问题不宜太难，问题太难容易打击学生的信心，使学生望而却步；也不能过于简单，问题简单无法激发学生参与的积极性。

（4）善于引导学生进行练习。语言技能的培养需要大量的练习巩固。教师应创设多元渠道，灵活引导学生进行自主学习，使其达到自我教育的学习效果，并最终提高学生的听、说、读、写、译的综合语言能力。

（5）善于纠正学生言语中的错误。在英语学习中学生难免出错，有的错误学生可以自行改正，这样的错误不需要教师纠正，还有一些错误学生自己无法改正，则需要教师及时指正。因此，哪些错误不需要纠正，哪些错误需要纠正，在什么时候纠正，如何纠正等都反映了教师的教学实践素质。

外语教学的组织能力主要指教师组织学生参加集体学习的能力，而这种能力主要表现在有效掌控课堂和有效动员学生积极参与学习等方面。

在掌控课堂方面，教师应该做到以下几点。

第一，注意教材内容的呈现方式，如线下、线上，或是线上线下相结合。

第二，注意监控学生完成线上或线下任务的具体情况，在课堂上实时进行反馈。

第三，注意课堂情绪和纪律。

第四，注意吸引学生的注意力。

在动员学生积极参与学习方面，教师应该充分发挥自身的观察力、创造力，吸引学生的注意力，并引导学生积极参与学习活动。

综合教学技能是指在英语教学中所需要的语言之外的教学能力，主要包括书写、唱歌、绘画、制作、表演及现代信息教育技术能力。

7. 教学技术素质

随着科学技术的不断发展，多媒体网络等技术的使用范围越来越广，教育信息化也成为现代教育的一种趋势。教育技术的现代化是教育信息化的重要组成部分，因此英语教师也应该掌握一定的现代化教学手段。

电化教学设备：录音机、投影仪、电影、电视等。

现代化的教育技术：制作教学视频、录制微课、精选线上资料或慕课资源、建立特色教学平台等。

8. 科研素质

科研就是用标准的方法进行系统的研究，对问题的答案提出可能的设想。换句话说，科研就是要用国际上公认的程序寻求两个或两个以上变量之间的相互关系。英语教学中的科研是找出影响英语学习的因素，如教材、教法、教师，以及学习者的年龄、性别、智力、性格等，并研究这些因素与学习成绩之间的相互关系。英语教学的科研对象包括下面三个层次。

（1）最高层次，该层次属于哲学范畴的问题，在这个层次上主要研究两个问题：一是语言的本质，即语言是人类一种特有的现象；二是学习者的个体特征差异。

（2）实践论层次，主要研究教学的实施，包括大纲的制订，教材的编写，各种语言技能的培养、测量和评估等。

（3）方法论层次，研究具体的教学方法和手段。

提高大学英语教学效果不仅需要教师提高自身的专业知识水平，还需要提高其科研水平，只有这样才能摸索出一条具有中国特色的英语教学之路。

（四）优秀教师的发展

1. 教师的专业发展阶段

按照不同的标准可以将教师的专业发展分为不同阶段。

休伯曼（M. Huberman）按照教师的职业生涯将教师的专业发展分为五个阶段。

（1）摸索与安顿期。教师每天努力工作以形成应对日常工作的程序和策略，从而忽视了对学生学习成效的关注。

（2）投入期。教师积极关注学生学习成效，大胆尝试并逐渐丰富自己的教学策略与技巧。

（3）分化期。教师发现并不是所有学生都能学好，进而质疑自己的教学能力。这一时期也是教师离开教师岗位的高发时期。

（4）从容或疏离期。教师用不同的方式，如离开教育行业、确认自己的工作热忱、转向行政岗位等，结束自己的职业归属感危机。

（5）保守与追悔期。教师退休。

还有一些学者以教师关注点的转换为标准将教师的专业发展分为关注自我生存阶段、关注教学任务阶段、关注教学效果阶段。第一阶段中，教师主要考虑的是如何才能应对眼前的工作。第二个阶段中，教师关注的是任务如何完成。第二个阶段中，教师才有精力关注学生及教学。这三个阶段在教师的职业生涯中并不是线性发展的，具有循环往复的特点。①

2. 优秀教师的发展途径

优秀教师的发展途径主要有以下几种。

（1）教学笔记。教学笔记是教师在授课之后或观摩其他教师的示范课后，用文字将教学活动记下来，并对教学进行简短的点评。教学笔记的形式比较简单，可以写在教案中的相应位置，也可以专门使用笔记本进行记录，普遍采用的是用文件夹存于线上或是硬盘里。教学笔记可以帮助教师找到其忽视的教学事件，从而对事件进行评论，促使教师进行深度思考，进而不断完善教学活动。

（2）教学论文。教学论文是教师对某一问题的经验总结。教学论文与教研论文不同，教学论文是为成功实践经验寻找理论解释的报告，而教研论文则是检验某理论假设的报告，两者是完全不同的两个过程。

（3）工作总结。这里提到的工作总结并不是教师为年度考核而撰写的工作总结。这里的工作总结指的是教师对某一阶段内的教学做的全面记录与反思，并针对其中的成功之处与存在的问题提出下一阶段的工作方案。工作总结可以帮助教师回顾一段时间内自己教学措施的实施情况，并对学生的成绩进行汇总评价，进而发现教学中的优势和不足，不断完善教学方式。工作总结还可以促进教师加强对语言教学各个方面的认知和理解，从而全面把握和开展教学活动。

二、学生

（一）学生的角色

学生在教学活动中的角色如下。

一是主体。学生是教学活动的主体，也是学习的主体。学生对知识的探索、发现、吸收和内化等能够使学生逐步构建自己的知识体系，形成科学的世界观、人生观和价值观。

二是参与者。作为教学活动的主要参与者，学生在教学活动中应该积极思考、表达观点、展示个人能力，并保持浓厚的学习热情。此外，教师也要积极开展能充分激发学生学

---

① 张文忠. 外语课程改革与实践新论［M］. 天津：南开大学出版社，2020：71.

习热情的教学活动，以让学生在愉快的氛围中学习。

三是反馈者。在教学中，学生会根据自己的学习经历，在教学方法、教学策略等方面向教师提出建议，帮助教师发现并逐步改进教学方法和教学内容，进而提高英语教学效果。

四是合作者。英语教学是教师与学生之间的活动，学习过程是团队合作的结果。在学习过程中，学生之间相互帮助、共同进步；教师与学生之间教学相长，不断提高英语教学效果。

（二）学生的个体差异

1. 学生的生理因素

（1）年龄。关于母语习得的研究发现，语言习得过程中存在一个"关键期假说"，语言心理学家雷纳伯格（Lenneberg, 1967）发现，左脑损伤对儿童的语言功能一般不会产生影响，但成年人则会完全丧失语言功能。雷纳伯格认为完全通过"接触"就能够习得语言的关键期是2岁至发育期。2岁前，人体大脑发育不健全，因此不会影响语言功能。最新的脑科学研究又进一步为该假说提供了证据。研究表明，5岁以前儿童的大脑神经元属于一种相对混乱的状态，随着年龄的增长，大脑所需的葡萄糖越来越多，5岁以后，大脑葡萄糖的需求和脑"电路"数量直线下降，逐渐接近成年人。这一时期便是大脑进行整理的时期。由此可知，5岁左右可能是大脑内部整理的高峰时期，其后仍然会有缓冲期。而婴儿在2岁之前由于大脑发育程度不够，语言功能是从零开始逐渐过渡的。因此，关键期并不是一段明确的时间段，只是起止界限并不清晰的一段时间。

年龄因素对英语学习的影响主要表现在以下几点。[①]

第一，英语学习的起始年龄对英语学习的影响并不大，任何年龄开始学习都有可能取得成功。

第二，英语学习的起始年龄对学习的速度和效率有一定影响，在语法、词汇和语义方面，如果学习时间相同，大学生要比儿童及已参加工作成年人的学习效率高。

第三，学习时间的长短直接影响学习的效果。学习时间的长短与整体交际能力的获得密切相关，但起始年龄对学习效果也起着一定的作用。

（2）智力。智力指掌握和使用各种学习技巧的能力，是一个复杂的概念。智力受到很多因素的影响，如年龄、大脑的发育程度及环境等。相关研究表明，年龄越小，智力因素对英语学习的影响越小；学习环境越正式，越需要分析综合能力和技巧，智力因素的影响也就越大，反之亦然。

由此可见，智力程度不同的学生应该采用不同的学习方法，这样才能取得较好的效

[①] 束定芳, 庄智象. 现代外语教学：理论、实践与方法（修订本）[M]. 上海：上海外语教育出版社, 2008. 115-121.

果。以语言交际为主的外语教学活动适合智力普通的学生,而那些以语言分析和记忆为主的英语教学活动则更加适合智力较高的学生。

2. 学生的认知因素

(1) 语言潜能。语言潜能是学生认知因素的重要方面。语言潜能指学习外语的一种能力倾向,是一种固定的天资。卡罗尔(Carroll)将语言潜能分为以下几类。

第一,语音编码解码能力。该能力是学习者对语言输入的一种处理能力。

第二,语法敏感性。语法敏感性指学习者从语言材料中推测语言规则的能力。这一能力并不是指学习者实际掌握的语法内容,而是在遣词造句时表现出来的对语法的一种潜在能力。例如:

在第二句话中找到与第一句中大写字母功能相同的词。

①He spoke English VERY well of you.
②Suddenly the music became quite loud.
　　　　　A　　　B　　　　C

句子①中的画线词为副词,此处表示程度,在句子②中的选项 C quite 也是副词,与句子①当中的 very 作用相同。

第三,归纳性语言学习能力。该能力指对语言材料的组织能力。

第四,联想记忆能力。该能力指学习者对新材料的吸收以及将新材料与已有材料进行同化的能力。

不同的学生具有不同的语言潜能,教师在教学中应该针对不同学生的语言潜能因材施教,使学生都能够发挥自己的长处,提高学习效率。

(2) 认知风格。认知风格是人在信息加工(包括接受、储存、转化、提取和使用)过程中表现出来的认知组织和认知功能方面长期一贯的风格,它既包括个体知觉、记忆、思维等认知过程方面的差异,又包括个体态度、动机等人格形成方面和认知功能、认知能力方面的差异。① 认知风格可以分为场依赖型风格和场独立型风格。两种不同的认知风格各有特点,如表 1-1 所示。

表 1-1　场依赖型学习者与场独立型学习者特点对比

场依赖型学习者特点	场独立型学习者特点
依照外部参考来处理相关信息	以自我为参考处理相关信息
比较习惯于从整体上认识事物	倾向于分析
缺乏主见	具有独立性
具有较强的社会敏感性,与他人交际比较容易	社会交往能力比较差

---

① 鲁子问. 英语教学论(第 2 版)[M]. 上海:华东师范大学出版社,2010:91.

具有不同认知风格的学生适合不同的教学环境和教学任务。因此，教师应该了解学生的认知风格，并针对不同的教学目的以及教学环境引导学生使用恰当的学习策略，将教学与学生的需要有机结合起来，以取得良好的教学效果。

3. 学生的情感因素

情感因素是影响学生学习效果的重要因素，其主要包括学习动机、态度及性格。下面就对这三个因素进行分析。

（1）学习动机。学习动机指对某种活动具有明确的目的，且为达到该目的而进行的一系列努力。英语学习动机是学生学习英语的内在动力，是影响英语学习的关键性因素。学习动机来源于学习活动，也是完成学习活动的重要条件。具有强烈学习动机的学生，学习目的明确，能够全身心投入，并取得较好的学习效果；缺乏学习动机学生的学习态度散漫，注意力不集中，很难在学习中取得进步。

（2）态度。态度是影响英语学习的重要因素之一。态度指个人对待事物及他人稳定的心理倾向或为达到某种目的而做出的努力。态度主要包括下面三个成分。

认知成分：对某一目标的信念。

情感成分：对某一目标的好恶。

意动成分：对某一目标的行动意愿及实际行动力。

一般来说，对异国文化持积极态度的学生，希望了解西方的生活方式、思维习惯、历史文化背景等知识，在英语学习中也会取得较好的学习效果。而那些对异国文化持消极态度的学生，厌恶相应国家的文化，进而无法学好语言。学生对文化的态度、对学习材料的态度、对教学活动的态度以及对教师的态度等都会影响学生的语言学习效果。因此，在教学活动中教师应该引导学生形成多元文化观，使学生正确对待异国文化，同时帮助学生摆正学习态度，正确对待教师的批评，并积极参与教学活动。

（3）性格。性格指一个人对现实的态度和行为方式所表现出的稳定且不可变的心理特征。性格是情感因素的重要方面，同时也是决定英语学习成败的关键因素之一。

性格可以分为外向型和内向型，性格本身没有好坏之分，因此具有不同性格的学生也没有优劣之分。具有不同性格的学生适合参加不同的教学活动，如性格外向的学生利于交际方面的学习，积极参与活动能够寻求更好的学习机会；而性格内向的学生适合一些认知型学术研究，他们擅长语言形式及语言规则的学习。在教学活动中，教师应针对学生的性格特征选择合适的教学方法，因材施教以获得理想的教学效果。

三、教学内容

（一）教学内容的含义与特征

教学内容指为实现教学目标，师生共同作用的知识、技能、技巧、思想、观点、概念、原理、事实、问题、行为和习惯的总和。[①] 教学内容与语言知识和日常经历都不同，它既与英语学科知识体系相关联，又与学生的年龄特点等有关，教学内容具有以下特点。

一是科学性。教学内容是教学的主要依据，任何教学内容，包括语言、知识、信息等都必须准确无误。英语教学内容必须语言真实、自然、地道，表达规范、严谨缜密，具有可靠的信息来源。

二是基础性。教学内容的基础性指应保证绝大多数学生的共同基础，包括基础知识和基本技能，以及学生继续学习所需的能力。

三是思想性。教学内容应包括思想情感教育，以提高学生的道德素质，开阔学生的视野，培养学生的科学精神和人文素养，帮助他们形成完整、正确的人生观和价值观。

四是系统性。教学内容首先应符合外语学习的认知规律，有利于学生构建知识系统。教学内容的安排应该遵循循序渐进、由易到难的原则，并将理论与实践相结合。

五是适宜性。教学内容应以人为本，满足学生的身心发展需要，关注学生的共性，尊重学生的个性，通过教学培养学生终身学习的能力。

六是实践性。教学内容应以教学实际为基础，启发学生独立思考、亲身体验，培养学生探索、发现、分析、解决问题的能力。

七是时代性。教学内容应该与时俱进，以当代外语教育研究中的最高、最新成果为起点，具有前瞻性，满足社会发展对学生语言能力的要求。

八是适用性。教学内容应该符合学校办学特色及人才培养方案，满足新时代社会发展的需求。

（二）大学英语教学内容的范畴

大学英语教学内容主要包括语言知识、语言技能、情感态度、学习策略、文化意识。下面就对这些内容进行具体分析。

1. 语言知识

大学英语语言知识是综合英语运用能力的重要组成部分，是语言学习和语言运用的重要内容之一。

[①] 鲁子问. 英语教学论（第2版）[M]. 上海：华东师范大学出版社，2010：103.

大学阶段学生应该学习和掌握的英语知识包括语音、词汇、语法、功能和话题等内容。语音、词汇和语法（语言形式）在一定的话题中体现，学生不但应该具有话题知识，还应该掌握语言形式在话题中的功能，只有掌握了英语基础知识，同时又具备语言功能和话题知识，才能运用语言进行交际。

2. 语言技能

听、说、读、写是英语学习的四项基本技能，而在大学阶段，翻译也是语言技能的重要组成部分。听能够帮助学生分辨并理解话语；说能够使学生表达思想、输出信息；读能够提高学生理解书面语言的能力；写能够使学生运用书面语言表达思想；翻译能够帮助学生实现两种语言之间的交流，丰富自身知识。学生的听、说、读、写、译五方面的能力是他们用英语进行交际的基础和保证。

3. 情感态度

兴趣、动机、自信、意志和合作精神等都属于情感态度的范畴，这些情感态度对学生的学习过程和学习效果都会产生影响。

学生在学习中往往受各种情感因素的影响，如价值观、意志、理智、动机及教师的人格、态度、情感投入、教学风格等。在教学活动中，教师应引导学生将兴趣转化为稳定的学习动机，进而树立自信心，锻炼克服困难的意志，善于与他人合作形成积极向上的品格。

4. 学习策略

学习策略指学生为有效学习而采取的行动。英语学习策略包括认知策略、调控策略、交际策略和资源策略等。

学习策略可以为学生终身学习能力的形成奠定基础，有效的学习策略能够改进学习方式，提高学习效果。教师应帮助学生形成适合自己的学习策略，并对学生的学习过程和学习效果进行监控，进而帮助他们调整学习策略，取得更好的学习效果。教师还可以让学生了解他人的学习策略，鼓励学生积极交流，从而丰富自己的学习策略。

5. 文化意识

历史地理、风土人情、传统习俗、生活方式、文学艺术、行为规范、价值观念等都属于文化范畴，英语教学离不开文化。脱离文化的语言也就失去了思想性和人文性。了解英语国家的文化有益于学生理解并使用英语，了解本国文化，有利于提高学生的人文素养，形成多元文化意识。

语言学习离不开对文化的了解，语言是文化的载体，与文化之间存在密切的联系。在英语教学中，教师应有意识地向学生渗透文化意识，向学生传授文化知识，开阔学生的视野；除学习其他民族的文化之外，教师还应促进学生继承和发扬中华优秀传统文化，并对中西方文化进行对比，传承文明、开拓创新，不断提高学习效果。

四、教学环境

（一）教学环境的含义

教学环境是依照人的身心发展规律而组织的育人环境，是学校教学活动所必需的主客观条件和力量的综合。英语教学的实际条件也就是英语教学环境，这种教学条件能够稳定教学结构、促进教学活动的开展，同时还可以促进个人的发展。环境因素是制约和影响英语教学活动和效果的外部条件。

教学环境主要由下面几个要素构成。

1. 社会环境

社会环境指社会制度、国家的外语教育政策、教育方针、经济发展状况、科技水平、社会群体对英语学习的态度以及社会对英语的需求程度等。它是影响英语教学活动能否顺利开展的首要因素。社会环境中的任何一个变量发生变化，英语教学都会受到重大影响，国家的教育方针及教育政策等是英语教学活动得以开展的社会保障，而经济发展水平和科学技术水平则为经济发展提供物质和技术等资源上的支持，社会对英语的需求程度则直接影响英语教学的规模。由此可见，社会因素对英语教学有着导向作用，良好的社会环境是英语教学向前发展的动力。

2. 学校环境

学校是直接实施教学活动的场所，其对英语教学的影响更为重要和直接，它决定着英语教学的成败。英语教学的学校环境包括很多方面，如课堂教学、接触英语的时间和频率、班级的大小、教学设施、教学资料、英语课外活动、英语教师及其他教职工对英语的态度及英语水平、校风班风和师生人际关系等。这些因素都会对英语教学产生重要影响。例如，学校的教学设施先进，学生就可以利用现代信息技术来学习英语，学生就能够接触到大量的新的教育资源，如果教学设施不够完善，学生的学习需求将无法得到满足，也会直接影响教学效果。

3. 个人环境

除了社会环境和学校环境之外，个人环境对英语教学也会产生一定的影响。个人环境主要包括学生的家庭成员、同学、朋友的社会地位、物质生活水平、职业特点及其对英语学习的态度、经验及学习方式，彼此之间的关系及感情等。不同的个人环境会为学生提供不同的学习渠道，同学之间的关系融洽和谐有利于学生身心的发展，同时也会促进学生的英语学习。

（二）教学环境的作用

1. 教学环境分析对英语教学的作用

教学环境是学生学习活动的主要环境，教学环境分析对英语教学有积极的作用。这些作用主要体现在以下方面。

（1）教学环境分析能够帮助教师认识环境对英语教学的客观影响，并促使教师结合教学实际，理性地判断和选择国外的英语教学理论和方法。

（2）教学环境分析可以促使教师充分利用现代化教学手段和教学资源营造良好的英语课堂教学环境，改善英语教学条件，提高英语教学水平。

（3）教学环境分析可以帮助教师加工语言输入材料，设计语言练习，创设良好的课堂英语教学环境。

2. 教学环境对学生英语学习活动的作用

教学环境会对学生的学习活动产生重要影响，主要表现在以下几个方面。

（1）良好的英语教学环境对于开阔学生的视野、丰富学习资源有着积极作用。英语学习资源除学校的教材之外，还包括学校的图书馆、宣传栏、板报、墙报、广播等。除此之外，社会环境也为学生提供了丰富的学习资源，如报纸、杂志、广播、电视、小说、戏剧、网络与广告等。

（2）良好的英语教学环境能够为学生营造轻松、愉快的学习氛围，减轻学生的心理负担，激发学生的思维潜能，提高学生的英语语言表达能力，从而提高他们的英语综合技能。

（3）良好的教学环境能够帮助学生对英语学习产生浓厚的兴趣，并促使学生学以致用，进而感受到英语学习的真正意义。

（4）良好的教学环境能够帮助学生减少英语学习中不良因素的影响，促使学生保持乐观积极的学习态度并采用正确的学习方法。

（三）教学环境的调控和优化

教学环境由多种要素构成，它是一个复杂的整体，为了将英语教学环境的积极作用充分发挥出来，减少其消极影响，实现对教学环境的优化，可以对教学环境进行适当的调控和优化，实施步骤如下。

一是整体协调。教师应以全局观念从整体上对教学环境进行规划，协调英语教学的各种环境因素，营造积极和谐的英语教学环境，促进学生的身心健康发展，进而提高英语教学质量。

二是增强特性。有意识地增强教学环境的特殊性，进而激发学生的英语学习兴趣，提升教学效果。在校园内可以设立中英文双语告示牌；又可以开设英语角，为学生提供口语练习的环境；还可以设立英语广播站，使学生在课下尽可能多地接触英语，时时听英语。

三是利用优势。将学校、家庭以及社会中已有的良好的英语教学环境充分利用起来。**聘请外籍教师教授英语，提高教学成效**；利用先进的多媒体实验室开展英语教学活动，激发学生的学习热情，以提高学生的英语综合水平。

四是自控自理。加强学生对教学环境的自我调控能力，让学生参与到教学活动设计中来，也可以布置教室英语角，建设良好的班风和校风，使学生自觉地加入优化学校教学环境的行列中来。

第二节 高校大学英语教学的原则

一、以学生为中心原则

在课堂教学中，教师是主导，学生是主体，只有二者相互协调和配合，教学质量才有保证。相比之下，教师要熟悉教学内容，了解学习的有效方法和途径，在教学的过程中，必须以学生为中心，发挥自身的指导作用，为学生创造学习条件，随时给学生提供帮助，从而调动学生的学习积极性。总之，教师的一切教学工作都是围绕学生的需要而进行的。

一是当学生遇到困难时，教师要及时给予帮助，使学生的困难得以及时解决。

二是当学生面对困难不知所措时，教师要及时给予引导，使学生找到解决困难的办法。

三是当学生愿意接受学习任务且跃跃欲试时，教师要给予学生更多的锻炼机会。

四是当学生的学习情绪不高时，教师要及时予以鼓励，提高学生的学习热情。

五是当学生在学习上取得成绩时，教师要及时提出更高的要求，使学生始终保有目标，继续努力。

以学生为中心，就是要求教师时刻关注学生，把教建立在学生的学之上，使教学的一切工作围绕学生的学习进行。在备课、教课，以及课后批改学生的作业时，教师要考虑学生的心理发展特征和需求，注意学生的表情和反应，分析学生的知识掌握情况，进而安排和调整自己的教学方法和步骤以适应学生的需要。只有以学生为中心，才能让学生明确学习意义、学习内容、学习目标及奋斗目标，使学生获得成就感，在学习时既有奔头，又有学头和盼头，这样学生才能在学习的道路上勇往直前。

二、循序渐进原则

在英语教学中，必须遵循循序渐进原则。所谓循序渐进原则主要包括以下三个方面。

一是学生在学习语言的过程中首先从口语开始，逐渐过渡到书面语。英语主要包括口语和书面语两种形式。从语言发展的历史来看，先有口语后有书面语。口语里出现的词汇比较常用，句子结构简单，与日常生活紧密结合，因此比书面语更容易学习，通过口语的学习学生可以尽快地获得日常生活所需的交际技能，有利于学用结合，使教学生动活泼。

二是在听、说、读、写等语言技能的培养上循序渐进。教师和学生在英语教学中都应该首先侧重听、说能力的培养，然后逐渐过渡到读、写技能的培养；另外，听、说教学能使学生掌握正确的语音，学到基本的词汇和基本的句子结构，从而为读、写能力的培养奠定基础。英语教学从听开始，也符合我国英语教学的实际情况。在我国，英语是作为外语来学习的一门课程，对于绝大多数学生来说，他们缺少英语的语言环境，而"听"是他们获取英语知识和纯正优美的语音语调的唯一途径。也只有具备了一定的听的能力，才能听清、听懂别人说的英语，才能使学生有信心地与别人用英语交流，才能保证英语课堂教学的顺利进行。因此，教师要在培养学生听的能力的基础上，结合听的内容循序渐进地培养学生的口语表达能力。在教学过程中，教师应该努力营造比较真实的语言环境，让学生在一定的情境中学会表达思想，学会使用已经学过的单词和句子。同时，让学生有更多的时间与教师和同学进行交流，灵活运用所学的英语知识。

三是学生学习语言知识、语言技能以及使用语言的能力都不是一蹴而就的，而必须循环往复，逐步深化。英语学习的过程是一个螺旋式发展的过程，一个语言项目的掌握不可能一次完成，需要进行多次的循环，但这种循环不是单纯的重复，每一次重复都会在前一次学习的基础上在深度和难度上有所提高。在具体的教学中，循环往复还意味着以旧带新、从已知到未知。教师应该注意从学生已有的语言知识和已经熟悉的语言技能出发，讲授新知识，培养新技能。教学的各个部分以及前后课之间应该紧密联系，使前面所教的内容能够为后面的内容奠定基础，而后面所教的内容也需复习前面所学的内容。这是一种类似于滚雪球的方法。例如，教师可以利用前面所学的单词来教新的句型，也可以用已经学过的句型来学新的单词。再如，在为学生选择阅读材料时，如果材料中新的表达方法很多，新的单词就不要太多。如果新的单词多，新的表达方法就不要太多。

三、兴趣原则

我国古代教育家孔子认为"知之者不如好之者，好之者不如乐之者"。由此可见，激发和培养学生学习英语的兴趣是高校大学英语教学的首要任务之一。兴趣是最好的老师，是推动学生学习的强有力的动力。学生只有对学习充满兴趣才会积极探求事物、探索知识、探求真理，从中体验学习的乐趣。所以学习兴趣是在学习活动中产生的，其也成为学习动机中最现实、最活跃的因素。

学生的英语学习效果在很大程度上取决于他们对英语学习的兴趣。因此，教师在教学中应该重视兴趣的作用，在英语教学中可采取一切可行的方法，激发学生对英语学习的强烈愿望，使他们喜欢学、乐于学，以获得更好的教学效果和学习效果。为了激发和培养学生学习英语的兴趣，教师应该做到以下几点。

一是教师要充分了解学生的特点，尊重学生的主体性。教育是一种主动的过程，必须通过学习主体的积极体验、参与、实践以及主动尝试与创造，才能促进认知和语言能力的发展。学生是英语课堂的主体，教师在教学过程中要从学生的心理和生理特点出发，重视学生学习语言的优势，遵循语言学习规律，采用多种教学方式培养学生兴趣，让学生通过体验和实践进行学习，达到形成语感和提高交流能力的目的。

二是改变强调死记硬背、机械操练的教学方式以及传统的英语测试方式。英语学习中死记硬背和机械操练的活动太多容易导致课堂教学死板与乏味，容易使学生失去或者降低学习英语的兴趣。为此，教师应科学设计教学过程，以学生感兴趣的方式帮助学生获取知识，加速知识的内化过程，使他们在听、说、读、写等语言交际实践中灵活运用语言知识，变语言知识为英语交际的工具。学生在获得交际能力的同时，综合素质也会得到相应的提高，学生的学习兴趣才会得到巩固与加强。另外，教师应该改变传统的英语测试方式，采用教学活动中常见的方式进行评价，重视学生的学习态度、参与的积极性、努力的程度、交流的能力及合作的精神等。

三是注意挖掘教材中学生感兴趣的内容，并及时发现和收集学生感兴趣的问题，把这些问题作为设计教学活动的素材。教材是英语教学的核心，教师应该备好课，在备课时认真地研究教材，挖掘教材中学生感兴趣的内容与话题，使每节课都有让学生感兴趣的内容和活动，以最大限度地调动学生的积极性。在英语课堂教学的过程中模拟日常生活中的交际形式，也是提高学生学习兴趣的一种重要方式。教师应尽量把日常生活中的交际形式搬上课堂，如问候，打招呼，对人、物、画面的介绍等，为学生在日常生活中使用课堂上所学的英语知识创造条件。

四是增强师生交流。实践表明，一名学生对某一门课程喜欢与否，往往取决于他对该门课程授课教师的态度。学生来自不同的家庭与环境，有不同的背景、性格特征，教师可以通过各种形式真心地与学生交流，与学生交朋友，赢得学生的尊重与喜欢，从而使学生更愿意向教师倾诉，与教师交流。教学是师生互动的过程，课堂上的知识传授和技能培养总是伴随着学生的情绪进行的，好的情绪可以转化为学习兴趣和动力。教师在严格要求学生的同时，还要给学生创造一种和谐的学习氛围，通过一个眼神、一个手势、一个微笑、一句赞许的话去影响学生。教师要善于发现学生的进步并给予鼓励表扬，这不但可以培养学生的自信心和成就感，还是师生交流的一种方式。

四、灵活性原则

灵活是兴趣之源，灵活性原则是兴趣原则的有力保障。尤其是作为生活必要组成部分的语言，是一个充满活力、不断发展的开放性系统。在英语教学中要遵循灵活性的原则，要在教学方法、语言学习和语言使用方面做到灵活多样、富有情趣。具体来说，教师在教学中应做到以下几点。

一是教师的教学方法要有灵活性。一方面，英语教学包括语言知识和语言技能两个方面，语言知识包括语音、词汇、语法等内容，语言技能包括听、说、读、写四个方面，其中又包括许多微技能，不同的内容具有不同的特点；另一方面，学习者个体千差万别。因此，在英语教学过程中教师要综合学生及教师自身的特点，创造性地开展多种多样的教学活动，充分体现教学方法的多样性和创新性，使英语课堂新鲜有趣，从而激发学生学习英语的热情，培养学生的学习兴趣，挖掘学生的潜能。

二是学生的学习方法要有灵活性。英语学习的灵活性在很大程度上取决于教学方法的灵活性。教师应该帮助学生改变以往死记硬背的机械性学习方法，探索合乎英语语言学习规律和符合学生生理、心理特点的自主性学习模式，使学生能够自我导向、自我激励、自我监控，最终达到自我教育的学习效果。

三是语言使用要有灵活性。英语是一种交际工具，其价值只有在使用过程中才能体现出来。可见，学习语言的最终目的是交流与沟通，教师要在日常教学活动中带动、影响学生使用英语进行表达。例如，在课堂教学中，教师可以用英语讲解、提问，还可以用英语布置作业。教师尽可能多地用英语组织教学，可以使学生感到他们所学的英语是"活"的语言。此外，教师还可以通过灵活性作业的方式为学生提供灵活使用英语的机会，让学生在微信群、学习平台作业板块或讨论区上传音视频口语作业，或让学生轮流进行值日报告、陈述、评议时事、新闻等。这些措施都可以加强语言使用的灵活性。

五、真实性原则

所谓真实，是指教师应该依据以英语为母语的人使用英语的实际情境，设计教学内容、教学过程、教学方法、教学技巧等。布林（Breen）关于真实性问题的论述较为全面，他认为"真实性"应涵盖以下四层意义：语言输入的真实性；学习者对语言输入的理解的真实性；对语言学习有益的练习活动的真实性；语言课堂所需再现的社会情境的真实性。

在英语教学中，坚持真实性原则就是要在教学的各个环节做到真实，以培养学生综合语言运用能力为总目标，以交际法和任务型教学为策略，在真实环境中获得真实的语言能力。

语用真实是真实性原则的重要内涵。教师要实现语用真实，应做到以下几点。

一是把握真实语言运用的目的。英语教学的最终目的是培养学生的综合语言运用能力，这种能力既不是语法能力也不是考试能力，而是一种语用能力。因此，教师首先要把握教学内容、教学材料的真实目的。

二是采用语用真实的教学内容。英语教师在教学开始前，应从语用的角度认真分析课文，研究语句使用的真实语境，准确把握课文中所有语句的真实语用内涵，这样就可以在教学前就指向语用教学，从而保证学生获得语用真实的英语运用能力。

三是设计组织语用真实的课堂教学活动。教师应基于语用真实的指导思想来设计教学活动，将对学生语用能力的培养贯穿英语教学的全过程，将语用能力的培养与呈现、讲解、例释、训练、巩固等课堂教学活动紧密结合起来。

四是设计语用真实的教学检测评估方案。教学检测评估对教学，特别是对学生学习，具有很大的反拨作用。设计语用真实的教学检测评估方案，不仅可以发现学生在语用能力方面的不足，帮助教师调整教学方案，还会引导学生在学习中更加自觉地把握学习内容的真实语用内涵，从而进一步提高学生的英语运用能力。

六、交际性原则

英语教师在教学过程中，必须遵循交际性原则，具体而言，其主要包括以下几点。

一是教师应在课堂教学过程中灵活运用各种实践练习，如机械练习、意义操练、交际性操练等。句型操练属于机械练习，围绕课文进行模仿、问答、复述等属于意义操练，而利用课文里的词句叙述自己的想法则属于交际性操练。这几种练习一种比一种接近语言交际，体现出一个由操练到交际的进程，因此教师教新材料时，应该由易到难，逐层递进，先进行机械练习，再进行意义操练，最后进行交际性练习，使学生能运用所学的新材料进行交际。

二是教师应利用一切可利用的机会与学生用英语交流。教师要坚持用英语组织课堂教学，讲解单词、课文和语法，布置作业，对学生进行奖励和考核，解答疑难问题，这样，学生才能养成运用英语的能力和习惯。

三是教师应处理好语言知识与语言实践的关系，做到讲练结合、精讲多练。首先，英语课必须以语言实践为主，将绝大部分时间用于实践练习。其次，教师也要花一定的时间讲授语言知识，但应该注意的是语言知识讲授从属于语言实践，其讲授的范围、深度、方法和时机要由语言实践和教学的需要来决定。

四是教师应处理好语言操练与语言交际的关系。教师应该注意，在英语教学里进行的语言操练并不等于语言交际。语言操练着眼于语言形式，使学生在语言操练中掌握语言形式；语言交际则着眼于语言内容，使双方相互了解。语言操练是培养学生用英语进行交际的必经过程。在教学里二者都非常重要，前者是后者的基础，两者缺一不可，有时两者之间没有明显的分界线。

五是教师应帮助学生树立"英语是一种交际工具"的思想。教师不仅要把英语作为交际工具来教，还要引导学生把英语作为交际工具来学、来用，力争做到英语课堂教学交际化。在英语课堂上，教师要根据学生的层次背景、专业背景灵活创造情境，为学生提供将英语作为交际工具的真实的或逼真的演习机会，学生应该抓住练习机会，通过反复操练，培养用英语进行交际的能力。

七、可持续发展原则

贯彻可持续发展原则，最主要的就是要培养学生积极向上的情感态度和正确的学习策略。情感态度指兴趣、动机、自信、意志和合作精神等影响学生学习过程和学习效果的相关因素以及学习过程中逐渐形成的意识和国际视野。在情感态度的培养方面，英语教学的主要目标是培养学生对英语和英语学习的积极态度以及逐步增强的兴趣。还需要培养学生的自信心和克服困难的意志。另外，教师在英语教学中还应该帮助学生克服消极的情感态度，如焦虑、抑制、胆怯、缺乏学习动力等。我国众多学者对于如何在英语教学中培养和发展积极的情感态度提出了十分有效的建议，具体内容如下所述。

一是师生之间应建立沟通和交流情感的渠道。有些情感问题可以集体讨论，有些问题则需要师生之间进行有针对性的单独探讨。在沟通和探讨情感问题时，教师一定要注意尊重学生，不能伤害学生的自尊心。教师在教学过程中，要注意营造民主、团结、融洽、相互尊重的氛围。

二是建立良好的师生关系。情感因素既有外在的形式也有内在的形式，需要经过仔细观察才能发现。所以，教师想要了解学生的情感态度，帮助他们培养积极的情感并克服消极的情感，就必须与学生建立良好的人际关系。

三是结合英语学习内容讨论有关情感态度的问题。教师要注意把积极情感态度的培养融入日常的教学过程中，针对学生学习过程中出现的具体问题进行有针对性的引导，帮助学生克服情感态度方面的困难。

第二章 高校大学英语课堂教学基础理论

第一节　高校大学英语课堂教学的意义与构成

在现代英语教学中，课堂教学扮演着极其重要的角色。而构成课堂的基本要素包含教师、学生、教材、教法、教学环境等，这些要素对于课堂教学来说至关重要。本节首先从意义与构成两个层面来探讨英语课堂教学。

一、英语课堂教学的意义

英语课堂教学就是英语教师在课堂上有目的、有计划地组织学生开展有效学习英语的活动的过程。在课堂上，教师最重要的任务就是"创造有利于学习的环境"，以提高学生在课堂上的英语学习效果。但是，由于不同教师的教学理念不同，因而所产生的教学活动、学习效果也就不同。

英语课堂教学的意义主要体现在教学与课程关系的变化与发展之中。教育的内容蕴含在课程之中，因此课程不仅是教育的教材，还是课堂教学的依据。而课堂的教与学则是教师、学生对教材系统表现的反映。具体而言，在英语课堂教学中，教师将教材内容转换为其课堂教学行为，然后教师的教学行为转换为学生的学习行为，从而使学生习得英语语言。从现代教育的意义上来讲，在英语课堂教学中，教师与学生都要参与到课堂教学之中，师生之间、学生之间通过语言进行交往或交际，从而实现英语教学的目的，即获取英语语言知识和英语技能，培养综合英语运用能力，促进师生共同发展。

（一）对社会的意义

英语课堂教学不仅可以系统地表达社会的需要，而且可以顺应学生身心发展的基本规律。同时，英语课堂教学是为社会构建人才体系，培养符合社会需要的人才，在一定程度上推动着社会不断向前发展。因此，英语课堂教学蕴含着社会对学生的英语学科能力、经验发展的具体要求。

（二）对学生的意义

英语课堂教学对学生的意义主要是对学生的英语语言能力及思维模式等起着指引作用。在历史的长河中，人类积累了极其丰富的语言知识和语言技能，而一些英语知识和技能是在课堂教学中提供的，它们是学生学习英语的载体和条件。传统观点认为，英语课堂教学中提供的知识和技能具有系统的结构，这一观点承认了英语课堂教学中的教育性、基础性和基本性。现在人们普遍认为，在课堂教学中，传授给学生的内容不应只是语言知识和技能，也应涵盖主题知识，并且越来越多的人认为，知识是个体通过批判性、创造性的思维构建的新的意义，而课堂教学的全部内容不再仅限于把知识凝固起来供人掌握、存储，这一观点合理地承认了知识和技能的不确定性，与传统观点有明显的不同。

综上所述，英语课堂教学对学生所产生的意义主要包括以下两方面。

一是使学生通过英语课堂教学掌握英语语言知识。

二是英语课堂教学在帮助学生学习、获取英语语言知识和技能的过程中，也在一定程度上促进了学生思维模式与正确价值观的形成与发展。

（三）对教师的意义

除了对社会与学生产生意义之外，英语课堂教学还与教师关系密切。教师通过英语课堂教学，不仅向学生传授语音、语法、词汇等语言知识，而且通过讲解课文等向学生传授以上几个方面的综合性知识。为了培养学生的听、说、读、写能力，教师必须在课堂教学中有目的、有计划地对学生进行大量的言语训练，以培养学生运用语言的能力。教师必然通过句子、文章进行语言教学，而句子、文章必然含有一定的思想内容，因而教师在课堂教学中必须适时地对学生进行思想教育，促进学生健康成长。

在英语课堂教学中，教师扮演着多种角色，如教学活动的组织者、教学过程的研究者、学生学习的促进者等。尽管教师的角色多种多样，但是不管教师扮演哪一种角色，都有一个共同点，即他们对于课堂教学实施的作用都是极其重要的。课程和教材只有转化为课堂的教与学行为，才能使学生的英语语言体验和习得、学生对课程与教材的心理表征等得以实现。离开了教师，英语课堂就不是完整的课堂，英语课堂教学的实施就会寸步难行。可见，英语教师对于英语课堂教学具有深远的意义。除此之外，英语教师自身的专业水平、教学能力、教育心理知识等也直接影响着英语课堂教学的实施。英语课堂教学可以很好地反映教师的水平，如果课堂教学效果不尽如人意，那么可能是由于教师在某方面存在不足引起的。可见，通过课堂教学，有利于教师发现自己在教学中存在的问题，从而逐渐提高自身的英语专业水平与教学水平。

综上所述，英语课堂教学意义重大。英语教师作为英语课堂教学的主导者，应该根据教学目的，精心安排教学步骤，充分调动学生的积极性，充分、有效利用课堂时间，使学生在有限的课堂时间里，学到更多的知识，快速提高言语和思维能力，从而实现英语课堂教学意义的最大化。

二、英语课堂教学的构成

目前在英语课堂教学中，教师、教材、学生是教学的基本构成要素，而教法将三者联系起来，教学环境则为以上几个要素提供空间条件。因此，英语课堂教学的构成包括教师、学生、教材、教法、教学环境，发挥这五个要素的作用对提高英语课堂教学的质量至关重要。下面就对这五个构成要素进行简单介绍。

（一）教师

教师是课堂教学的首要构成要素。人们用主导来说明教师在教学中的地位和作用。《现代汉语词典》对"主导"一词的解释是"决定并且引导事物向某方面发展"的人。教师是教育者，也是教学活动的主导者，学生则是被教育者。教师主导的对象是学生，教师在教学过程中丰富学生的知识，促进学生深入地学习和掌握所学知识，促进学生的身心得到进一步的发展。尽管教学是教师和学生的双边活动，但是这两个要素的作用并不是平等的。教师和学生是主导和被主导、控制和被控制、感染和被感染的关系。

在课堂教学中，教师的角色是不可代替的。没有教师就没有课堂教学，学生的学习任务就不能很好地完成。但教师主导并不等于教师主宰，也并不等于说教师是学生获得知识的唯一途径。另外，尽管教师在课堂中的作用非常重要，但既不能夸大其主导作用，也不能贬低教师在教学中的作用。

为了充分发挥教师在课堂中的主导地位，应该注意以下几点。

一是一位合格的英语教师应该具有纯正的英语发音、活泼的性格、敏捷的思维、和蔼可亲的态度、自然的教态并热爱教学工作。但由于我国是以汉语为母语的国家，部分教师接触不到真实、自然、地道的英语，因此为了使学生有更多听到发音纯正的单句和课文朗读、对话、故事等的机会，教师可以结合网络教学平台、慕课、英语学习网站等手段进行教学，以弥补此缺陷。同时，教师也要加强对自身语音的纠正，做好示范。

二是沉闷的课堂教学气氛容易让学生感到疲倦、厌烦。为了避免这种情况发生，教师应该营造生动活泼的课堂气氛，使学生觉得课堂充满趣味，从而激发学生的学习兴趣和学习积极性。具体而言，教师可采取以下几种方法。

第一，首先要跳出教材的固有顺序，灵活取舍增删内容，通过相关主题的音视频方式增加纸质教材的吸引力。

第二，教师可以在课堂上用幽默的语言缓和紧张的课堂气氛，减少有意注意，激发学生的无意注意或潜意识思维，使学生在无意识之中接收到英语知识。

第三，教师可以在课堂上平衡内向学生与外向学生之间的谈话，引导内向的学生多交流、外向的学生集中精力于课堂学习。

第四，通过创设问题让学生在课堂上独立查找资料，然后组织语句表达，从而激发学生的学习兴趣。

以上这些方法对打破沉闷的课堂气氛、激发学生的主动性起到一定的作用。

三是在英语课堂上，教师的一举一动都会受到学生的关注，因此教师要注意随时调整自己的语言运用策略、提问方式、提供反馈的方式。

语言运用策略。为了使学生能够充分理解课堂上所讲的内容，教师通常需要运用以下策略：重复话语、降低语速、增加停顿、改变发音、调整措辞、简化语法规则、调整语篇等。通过以上策略，教师的语言输出成为学生所需的可理解输入，学生的理解性输入为学生的输出，即说、写奠定基础，这样的课堂教学才是有效的教学。

提问方式。提问是教师最常用的教学技巧之一。课堂上的提问具有许多优点，如激发学生的学习兴趣、激发学生的学习积极性和主动性、鼓励学生思考、帮助学生阐明思想、帮助教师引用某些结构或词语、检查学生对知识的理解程度、鼓励学生积极参与课堂实践活动。

提供反馈。教师对学生学习情况的反馈可以是对学生话语的应答，如表示学生问答正确或错误、赞扬鼓励、扩展学生的答案、重复学生所答、总结学生回答、批评等。

此外，学生在教师的指导下完成课堂学习任务的同时，也能锻炼自身的交际能力。但由于课堂背景的特殊性，学生的语言运用会出现情景型套语、风格型套语、礼仪型套语、组织应对活动的小套语等，这些套语在学生的语言学习初级阶段对获得可理解输入有很大的作用，但是随着学生英语水平的提高，教师在课堂上所输出的句型应该更多样化，使学生接触到更加多的句型，从而有利于学生英语交际能力的提高。

四是无论采用何种教学方法或策略，教师在课堂教学中都需要利用一定的时间向全班讲述、布置、解释各项活动。在英语课堂教学中，教师的讲话时间有助于学生语言学习的顺利进行，有助于学生习得新的语言结构和词语，但是不能因此而随意缩减学生的练习时间。

五是课堂活动形式应丰富多样，而不是日复一日重复一成不变的几种形式。总是采用同样的课堂活动形式，会使学生对课堂教学活动失去兴趣和积极性，并因此使课堂变得沉闷，不利于教学活动的进行，也会降低课堂教学的质量。教师应该根据不同的教学内容、教学目的、教学任务采取不同的教学方法和教学手段，灵活运用各种不同的教学形式。

（二）学生

学生是课堂学习的主体。《现代汉语词典》中对主体的解释是："哲学上指有认识和实践能力的人。"由此可知，学生能够作为学习的主体是因为他们具有一定的认识和实践能力。在英语课堂上，在教师的引导下学生通过感官获取来自教材的各种信息，并对这些信息进行比较、分析、综合、概括，进行去粗取精、去伪存真、由表及里、由此及彼的思考，抓住事物的本质，发现事物内在的联系，从而归纳出事物的规律，确立科学的知识系统。经过这一过程，学生不仅学习了英语知识，培养了英语交际能力，而且在学习过程中培养出自主、独立的学习能力，学会独立解决新问题。可见，学生学习的过程就是不断主动地丰富自己的主观世界、不断完善自己的内化过程。

充分发挥学生的主体性是当前教育教学改革的主体和热点，发挥学生的主体性有助于实现素质教育的总目标。为了发挥学生在学习中的主观能动性、积极性，突出其主体地位，首先必须明确对英语学习具有主观能动性的表现。一般来说，在英语学习中具有主观能动性和积极性的学生具有以下特点。

一是对英语及其相关文化背景知识如政治、经济、生活方式、风俗习惯等有着浓厚的兴趣以及开明的态度，愿意接受新鲜事物，对学习英语有明确的动机并善于寻找适合自己的学习方法，善于改进自己的学习方式。学生因对所学内容感兴趣而具有强烈的学习欲望，而这种因兴趣而产生的强烈学习愿望往往会带来超常的学习效果。

二是认真听讲并做好笔记，对所学知识包括单词、短语、句子甚至课文进行及时复习，并不断复习巩固，直至完全掌握和灵活运用。

三是勤于思考，尤其尝试用英语思维思考简单的问题，把所见所闻与已经学习的英语词汇、短语、句子联系起来，把自己学到的英语知识与实际生活联系起来，在生活中练习英语。

四是懂得熟能生巧的道理。在实践中大胆运用所学语言材料锻炼英语运用能力，不怕出错，能正确对待教师的纠正，并在实践和教师的纠错中不断进步。

五是大胆提问，积极发言，懂得与教师进行适当的交流可以提高语言水平的道理，并积极与同学用英语进行交流，从而在相互帮助中共同提高。

六是能在教师指导下进行课外学习，并坚持进行课后英语学习活动，如听课文录音，跟录音朗读，模仿纯正的语音语调，对英语学习做到持之以恒。

七是善于寻找适合自己的英语学习方式。有的人早上记忆单词、背课文最有效；有的人睡觉之前记单词、背课文最牢固；有的人将相关单词联系起来学习比零零散散地学习更有效；有的人用联想实物的方式更有效等。每个人的学习习惯和学习方式不一样，喜欢学习英语的人一般善于寻找适合自己的最有效的学习方法和学习时段。

八是有长远学习目标及近期目标，并且近期目标要比目前学习的内容更深入。不少成绩优异的学生在课堂学习之前就已经熟悉了学习内容，这样他们就可以充分利用课堂与教师、同学进行交流。这便是他们根据自己的情况定下了英语学习的长远目标和近期目标，并有计划、有针对性地加以实施的结果。

教师应该充分了解学生的特点，并据此运用各种教学策略和方法激发学生学习英语的兴趣。当然学生也应明确以上特点，并以此指导自己进行英语学习。

（三）教材

教材是学生掌握知识的主要媒介之一，是教师和学生进行教学活动的重要依据，没有教材，教学活动就无法进行。根据教育目标，选择并确定教学内容，研制课程计划、课程标准，编制教科书，在教学过程中发挥师生的主动性，活化教材并使学生有效掌握，是培养高质量人才的主要前提。而作为一种特殊的知识系统，教材既不同于语言知识本身，也不同于日常经历，其编制过程中既要考虑英语学科知识体系，又要考虑学生的年龄特点和需要等因素。目前我国学校中使用的教材是长期教育实践和理论研究的成果，也是人类文化的基本成果，其在课堂教学中的地位和重要性日益凸显。实际上，教材是师生教学活动的中心，这主要表现在两个方面。

一是教师和教材的结合。教师和教材的结合是在课前完成的，确切地说教师的备课过程就是教材和教师相结合的过程。同时，教师必须在课堂上创造性地使用教材来完成教育学生的共同责任。

首先，教师要尊重教材的权威。教材的权威来自国家和社会，以及人类长期的教育实践和教育理论研究成果。教师使用的教材是无数科学家、教育专家、教师的共同成果，并能经受住实践的检验。因此，教师应该尊重教材、熟悉教材、领会教材、传播教材。

其次，必须明确教师对教材的从属关系。教材是教学信息的载体，更是教学信息之源。教材和教师的结合在课堂上的体现就是教师要以教材为基础进行课堂教学，没有教材的教学就是无根之木、无源之水，可见教材是课堂教学活动的控制中心，而教师是在不改变教材的科学性、系统性和针对性的基础上，根据教学实际情况对教材的内容有所取舍、对教学的顺序有所调整。

二是教材和学生的结合。教材和学生的结合是指学生学习和掌握教材内容。学生是学习活动的主体，其求学过程是求知的过程，教材是学习的客体，代表着知识。教材是学生学习的指向，学生学什么、不学什么和怎么学都会受教材左右。课前预习是课堂学习的准备，而课堂学习则是学生掌握教材内容最有效、最关键的方式之一，课后复习则是巩固知识、提高学习能力的主要途径。无论是课前预习还是课堂学习抑或是课后复习，教材都起着举足轻重的作用。

（四）教法

语言教无定法，贵在有法。在外语教学史上，有多种教学方法在英语教学中发挥了重要作用，有效地促进了英语教学的发展。例如，翻译法、直接法、自觉对比法、听说法、视听法、认知法、功能法，以及由此派生出来的口语法、全身反应法、自然法、暗示法、沉默法、交际法等。但实践证明没有哪一种教学法是最好的、最有效的，也没有哪一种教学法是适用于所有时期、所有地区、所有教学内容的。因此，如果教师在英语课堂教学中，总是采用一成不变的教学法，必然会使学生感到厌烦。不同的教学法对语言技能各有侧重，综合、灵活地运用各种教学法才能有效地促进学生英语能力的提高，才利于学生英语水平的全面发展。

在英语课堂教学中，教师应该注意无论使用什么样的教学方法，都必须以学生的语言交际为教学出发点，尽量将课堂交际与日常实际生活结合起来，鼓励学生创造性地、有目的地运用已学语言材料，在新的生活场景中重新组织语句，表达自己的情感。同时，教师应力求教学过程交际化，选择适合学生实际情况的教材内容，对处于不同阶段的学生采取不同的教学方法，如案例教学法、探究式教学法、讨论式教学法、项目式教学法等。

（五）教学环境

任何教学活动都是在一定的教学环境中进行的，它是教学活动的基本构成因素之一，是开展教学活动的依托。概括地说，教学环境是学校教学活动所必需的主客观条件和力量的综合，它是按照人的身心发展的特殊需要而组织起来的育人环境，是一种特殊的环境。具体来说，英语教学环境是指英语教学赖以进行的实际条件，即能稳定教学结构、制约教学运作、促进个体发展的教育条件和环境因素。英语课堂教学也必须在现实的英语教育环境中进行，即英语教育受制于环境这一因素。因此，重视教学环境建设对于英语教学活动的顺利进行具有重要的意义。课堂是一个为学生提供学习场所和学习手段的最佳环境，它对英语教学的影响更为重要和直接，决定着绝大多数学生英语学习的成败。它包括接触英语时间的频率、班级的大小、教学设施、教学资料、英语教师及其他教职工对英语的态度及其英语水平、校风班风和师生人际关系等。[1]

第二节　高校大学英语课堂教学的特点与要求

英语课堂教学有其自身的特点与要求，下面对这两个层面分别进行分析和论述。

一、英语课堂教学的特点

英语作为一种沟通工具，其课堂教学不同于数学、物理、化学的教学，也不同于语文、历史、地理、政治等学科的教学，它本身有鲜明的特点。下面就来分析一下英语课堂教学的特点。

（一）实践性和交际性

英语具有很强的实践性和交际性，因而英语课堂教学也必须体现英语的这一特点，才

---

[1]陈细竹，苏远芸．大学英语教学模式的革新与发展研究［M］．长春：吉林人民出版社，2021：64．

能取得较好的教学效果。英语课堂教学的实践性和交际性主要体现在以下三个方面。

1. 坚持精讲多练

我国传统的英语教学模式是教师讲、学生听，教师占用了大部分的课堂教学时间，学生几乎没有机会使用英语进行实践和交际。而英语是一门实践性很强的学科，教师将英语知识讲好、讲透，并不代表学生就能熟练掌握这些知识，更不代表学生可以将这些内容应用于实际交流中，学生只有不断地进行实践才能真正掌握英语，学会正确使用英语进行交际活动。

简单而言，精讲是指用最少的话、最少的时间将最重要的东西讲清楚；而多练则是指教师在精讲的基础上，指导学生充分发挥积极性和主动性，在课堂内外为学生提供大量的英语练习机会，并最大限度地接近真实的语言交际环境。

为了给学生留出足够的时间进行实践交际活动，教师应该坚持精讲多练，把课堂 2/3～3/4 的时间留给学生，以便学生进行练习。教师应该坚持精讲多练，主要有以下两个原因。

（1）英语教学的最终目的是培养学生的英语综合语言运用能力。因此，教师在教学工作中除了向学生教授一些英语的基础知识，更重要的任务是在这个基础上培养学生的英语听、说、读、写的能力。因此，英语教学应始终把培养学生的语言实际应用能力放在第一位，为此教师应该坚持精讲多练，将更多的时间留给学生去练习。

（2）从英语学习规律来看，学生只有通过大量的语言实践练习，才能真正理解英语、掌握英语，真正学会使用英语。也就是说，多练是掌握英语的主要途径，单纯依靠教师的讲解，学生不可能真正掌握英语。所以，教师一定要正确处理语言知识的讲授和言语技能训练之间的关系，即做到精讲多练，讲解精辟透彻，实践多而有效。

2. 重视交际应用

实践性和交际性是英语教学的基本特征。但是英语教学不能仅仅满足于一般的实践性，如重复、模仿、套用、改写等，而要利用英语进行交际和模拟交际，要以交际为目的，同时又以交际为手段，由模拟交际转换为真实交际。因此，教师应该在课堂教学中根据学生层次将练习分为机械性练习、意义练习和交际练习，并设计大量的有意义操练和交际操练，并有意识地将三者结合起来，使各个层次的学生获得学习的成就感。

为了培养学生的交际能力，教师不仅要充分利用教材中提供的语言材料，让学生在熟读语言资料后做到常用口语脱口而出，还要创设一定的情境，引导学生运用所学知识在一定的场合、情境中操练英语，并对所学的知识进行创新，灵活使用，真正培养和提高学生在真实情景中的口头交际能力。此外，教师要让学生明白不同的国家有着不同的历史文化背景，培养学生在跨文化交际环境中正确得体的交际能力。

例如，教师可以采用值日生汇报、两分钟讲话、师生自由谈话、学生主题讲话、分组交谈等方法培养学生的英语交际能力。

3. 听说读写和谐发展

英语教学是一个综合的有机整体，听、说、读、写的能力是相互练习、相互制约的，而不是相互孤立的。任何一种技能的发展受到限制，都会影响其他三项技能的发展。因此，教师在课堂教学中，要将听、说、读、写教学结合起来，以促进学生英语综合运用能力的发展。

听、说、读、写四种能力的培养，一直以来都是英语教学的手段和目的要求。在英语课堂教学中，听、说、读、写四种能力应该和谐地发展。从现代语言教学的流派来看，行为主义者强调听、说领先，而认知主义者认为听、说不一定领先。在英语教学实践中，发现听、说和读、写可以同时并进，并且阅读和听说并进，教学效果甚至比听、说领先还要好。不过值得注意的是，我国目前的英语教学虽以培养阅读、自学能力为主要要求，但决不可忽视听、说能力的培养。

（二）兴趣性和积极性

学生对英语学习的兴趣性和积极性对其英语学习的效果有关键性的影响。学生对英语学习有着浓厚的学习兴趣，必然会尽最大努力投身于英语学习之中；反之，如果学生对英语学习不感兴趣，那么他也不会投入过多的精力在英语学习上。因此，教师应在英语课堂教学中注重培养学生学习英语的兴趣和积极性。为此，英语课堂教学要适合学生的年龄特征、班级情况和教材内容。

（三）巩固性和发展性

巩固性要求学生在学习中牢固地掌握已经获得的知识、技能，对英语教学来说就是要求牢固地掌握语言技能。也就是说，学生的英语基础知识要牢固，运用英语的技能、技巧要熟练。而发展性是指学生在学习英语的过程中，养成独立自主的学习习惯和能力，掌握自主学习的技能，具备不断进行自主学习以促进自我发展的能力。

学习英语的过程就是与遗忘做斗争的过程。的确，遗忘是英语教学中一个不容忽视的问题，因此我们必须重视贯彻巩固性原则。但是，仅仅贯彻巩固性原则往往不能达到满意的教学效果，因而教师应在英语课堂教学中不断发展学生的英语实践能力。简单来说，就是要在发展中达到以巩固求发展。

英语课堂教学中的巩固性和发展性要在概念同化、知识和技能的迁移中具体体现出来。心理学研究证明，学生先前的学习要掌握达到 80%～90% 的正确率，才能产生良好的迁移。因此，教师在教授新的知识前要确保学生已经基本掌握了之前所学的知识。为了帮助学生巩固旧的知识，同时便于学生学习、理解新的知识，教师在教授新的知识时，可以先复习旧的知识，从旧知识的巩固转移到新知识的讲解上，以旧带新。最后，教师要让学生通过充分的操练、适当的归纳，使新旧句型巩固下来，强化学生认知结构的稳定性。总之，教师在英语课堂教学中，应该系统地、有组织地安排教材内容，设法做到前后照应，新旧联系，提高知识的复现频率，尽可能地增大正迁移量，帮助学生掌握知识和培养实践能力。

二、英语课堂教学的要求

由于英语课堂教学中教师的作用非同一般，故在此重点论述英语课堂教学中对教师的几点具体要求。

（一）灵活采用教学方法

在英语课堂教学中，如果教师总是使用同一种教学方法进行教学，容易使学生感到疲惫、厌倦，不利于他们集中注意力，从而降低课堂教学效果。因此，教师在英语课堂教学中应注意适当安排灵活多样的教学方法。针对不同的教学内容，教师可以采取不同的教学方法，即使是同样的教学内容，变换不同的教学方法进行教学也会有助于提高教学效果。

一是在单词学习时，课前布置学生完成线上词汇学习任务，掌握单词的语音、语义及语用。课堂上通过回答问题的方式检测学习情况，然后教师补充该词在后续课文中出现的相关短语及句型表达，最大限度地提高课堂教学效率。

二是教课文前，同样是课前布置学生查找与课文主题相关的话题任务，搜索资料，课堂上同学之间相互交流，并由学生代表总结陈述。最后让学生阅读课文，教师引导学生对课文的观点及自己查找的资料进行比较，进一步加深课文内容、结构、写作方法的学习。

三是巩固、小结时，可根据课文主题进行角色表演，快速找出课文单词语句或采用连词成句表演等方法进行教学。

（二）运用启发式教学

启发式教学，是指教师在教学过程中根据教学任务和学习的客观规律，从学生的实际出发采用多种方式，以启发学生的思维为核心调动学生的学习主动性和积极性，促使他们生动活泼地学习的一种教学指导思想。

英语是一门国际通用语言，很多学生迫切希望通过掌握英语了解国外科学技术文化，为将来的学习工作做好准备。这一点对教师的启发式教学非常有利。教师在教学时要多考虑启发式教学的作用，在课堂上多提出一些启发性较强的问题，使学生的思维始终处于积极活跃的状态。为此，教师提出的问题要灵活多样，既要向全班提出要求，又要进行个别活动，同时要多进行意义操练和交际操练。

（三）满足学生的成功欲

任何人在心理上都有成功的需要，如果学生在心理上的成功需要得到满足，那么这种成功将会促使他们以更大的精力投入学习中。因此，教师在英语课堂教学中要设法让学生在学习中取得一定的成绩，让学生在英语学习中获得一些成就感，而学生的这种成就感往往在日常生活或具体的交际情景中获得。比如，教师可以根据课堂主题结合学生的具体情况创设情境，组织学生进行意义操练或交际操练。

第三节 高校大学英语课堂教学的类型与环节

英语课堂教学有着不同的类型，对其类型进行了解和把握，有助于安排课堂教学的环节和合理采用教学方法。下面就对英语课堂教学的类型与环节展开论述。

一、英语课堂教学的类型

不同学者从不同的角度出发，对英语课堂教学有着不同的分类标准。归结起来，主要可以分为以下三种，授课内容、授课目的、教学形式与学生学习方式。下面就对这三大分类标准展开论述。

（一）授课内容

根据授课的内容不同，可以将英语课堂教学分为听说课和读写课两种。

1. 听说课

听说课以培养学生的听、说能力为主。教师通过情景导入、学生讨论、听音频、看视频、角色扮演等活动，帮助学生养成良好的语言学习和运用习惯，从而培养学生善于倾听、沟通等交际技巧。听说课要体现以学生为主体的基本原则，适当传授学习策略，选材要难度适当、范围广泛，同时还要遵循循序渐进的原则。

需要注意的是，听说课应把握好课堂教学的重心，以听、说技能的训练为主，词汇、语法的讲解需以听、说为中心适当、适量地开展，不能喧宾夺主。因此，听说课的重点要围绕会话操练运用，以及长对话、新闻、篇章大意及细节的捕捉进行听力练习。教师只是一个组织者，不能在讲台上唱独角戏，而是引导学生进行各项活动。

2. 读写课

根据高校大学英语教学现状及人才培养需求，大学英语读写课主要基于混合式教学模式进行设计，纸质教材与数字教材深度融合，互相补充。读写课教材篇章紧紧围绕当前社会发展的热门现象或社会问题。课前要求学生了解相关主题及学习相关词汇，课堂上引导学生发表观点及学习篇章结构、写作方法。讲解课文时训练学生的思辨技能，对提升学生的口语表达能力，帮助学生掌握阅读技巧及写作方法有极大的帮助，同时可以促进学生自主学习能力、协作能力、思辨能力、跨文化交际能力以及写作能力的发展。

（二）授课目的

根据授课目的不同，可以将英语课堂教学分为新授课、巩固课及复习课三种类型。

1. 新授课

新授课即新知识讲授课，就是主要向学生传授新的英语知识和技能的课程。此类课程着重新知识的讲解。新知识讲授课的主要目的在于突出新知识的讲练，其他环节为新知识的学习服务。学生每学习一些新的知识点，教师就要根据学生所学安排相应的练习加以巩固，使学生更加牢固地掌握新知识。新知识讲授课的结构如下。

（1）组织教学，教师通过备课和教学计划明确课堂需要具体讲解的知识点，并对知识点进行整合，争取做到深入浅出，便于学生理解。此外，合理安排教学内容，明确哪些不需要占用课堂时间，由学生课外自己完成即可。

（2）检查和复习已学习过的内容，已学习过的内容往往可以为新知识的学习做好铺垫。对已学过的内容进行复习有助于理解新知识。

（3）讲授新知识和初步巩固练习，这是新知识讲授课中最重要的教学环节。教师对新知识的讲授直接影响学生对新知识的掌握程度。

（4）布置课外作业可以帮助学生进一步把握新知识以达到灵活运用的目的。

2. 巩固课

巩固是对所学知识的强化。当教师察觉学生对教过的某课或某部分内容不熟悉时，可以组织一次巩固课，以加强学生对这些内容的理解。一般会将巩固课安排在新授课之后，即教师讲授一节新知识后，安排一节巩固课，促使学生加强对这些新知识的应用，进一步提高学生运用英语的能力。巩固课一般不讲授新知识，巩固旧知识是其主要任务。由于巩固课旨在通过口笔语练习及复习整理教过的材料，进一步提高学生听、说、读、写的能力，因此也被称为发展口、笔语能力课。[1] 巩固课只有组织教学、反复操练、布置作业三个环节，并且几乎全部时间都用在反复操练及应用上，而其余两个环节只是简单涉及。这是由于巩固课的目的就是加强学生对所学知识的认识和理解。

巩固课可以结合课文进行。教师首先引导学生整理、复习有关的单词、词组和语法点，并在黑板上写出这些知识点，然后引导学生参照黑板的知识点分段叙述课文大意，随

---

[1] 丁睿. 大学英语教学发展研究[M]. 长春：吉林人民出版社，2019：92.

后叙述整篇课文或仿写课文，达到让学生认识和掌握这些知识点的目的。

3. 复习课

德国哲学家狄慈根说过："重复是学习之母。"配合期中或期末考试，教师可以组织一次或几次复习课，把一个阶段里讲授的材料加以系统整理，一则帮助学生记忆；二则促进学生进一步提高口笔语能力。复习课的基本环节如下。

（1）组织教学。

（2）复习整理：语言知识练习，课文句型、段落练习等。

（3）布置作业：完成电子教材语言练习。

在复习课中，教师要注意引导学生积极参与教学活动，师生互相配合。切忌将复习课上成知识课，变成教师一人表演的独角戏。

（三）教学形式与学生学习方式

根据教学形式与学生学习方式的不同，可以将英语课堂教学分为注重语言形式的教学与注重思想内容的教学两类。

1. 注重语言形式的教学

在外语教学史上，语法翻译法曾经长期占据主导地位，直到现在，仍有部分教师用这种方法教学。有时候，教师没有教语法规则，也没有将英语翻译成汉语，或者把汉语翻译成英语，但是教师将所教的词、句、搭配等用非常突出的手法呈现给学生，使学生将注意力集中在形式特征上，这样的教学就是典型的以形式为主。

要求学生将注意力集中在一些零散的语言点上是注重语言形式的英语教学的特点。这一要求使学生很容易感到疲劳，从而降低课堂教学效果。例如，教师在讲授定语从句和名词从句时，虽然反复讲解它们的用法与区别，使学生十分清楚它们的使用规则，但是学生在翻译写作时依然频频出错。这是因为语言表达流利运用的不是有意识的语言知识（比如学会的规则），而是潜在的、无意识知识。语言运用中有意识思考某一规则往往会干扰它的应用，乃至语言其他形式的运用。此外，口头交际中对自己的语言进行有意识的监控往往影响交际的流利度，但是作文修改中使用有意识监控是有效的弥补办法。因此，有经验的教师会注意调整教学方法，尽量压缩对语言形式特征的教学。但这并不意味着语言形式、规则并不重要。事实上，在英语教学的中高级阶段，这些内容的讲解和学习十分必要。适当的语法或关于语言形式的教学能起到满足学生求知欲、帮助学生进行有效监控语言运用的作用。虽然英语课堂不必每节课都有语言形式方面的讲解，但若忽视语言知识的教学，学生的基础就不牢固，这会给他们未来的学习埋下隐患。

需要指出的是，语言点的讲解并不是分析抽象的规则，而是突出固定搭配、常见变化方式和规律、使用方面的限制。语言点的讲解应当尽量降低学生对形式的注意，而加强对用法的认识。例如，对于定语从句和名词从句的用法，教师应尽量避免解释规则，让学生对包含该语法的课文语句进行块状划分，即主语、谓语、宾语、从句，然后对其进行揣摩，以逐渐习得该语法知识。

2. 注重思想内容的教学

注重思想内容的教学是与注重语言形式的教学相对应的。注重语言形式的教学强调机械模仿，导致学生很难养成英语思维习惯。而这种机械模仿的被动学习的弊端主要在于教学活动单调乏味，容易养成思维惰性，忽视学生对创造性语言的运用，不利于学生探索学习策略等。而以交际或内容为目的的英语课堂教学建立在以下几种交际模式上。

（1）教师-学生对话。这种模式主要适用于示范、真实问答等活动，如要求学生讲述某事。

（2）教师-学生-教师-学生对话。在这一模式中，教师通常会将学生分成人数相等的若干小组，每个小组围成一圈，所有人针对话题发表看法，或对他人的看法发表意见或提出质疑。而教师也会参与讨论，并与学生交流思想。

（3）学生-学生对话。这一模式通常由同桌的两名学生实施，常用于模拟训练，其交际真实性取决于学生提供的信息及其他方面的合作。

（4）小组学生-小组学生比赛。这一模式主要用于对某人某事的描述、谈论或辩论等，主要适合于有一定语言基础的学生，涉及的话题一定要有挑战性，能刺激学生谈话的兴致。教师在活动后需要对每一组的表现做出适当的点评。

角色扮演、表演、游戏等都是由以上形式派生出来的课堂活动，这些活动都要求学生专注于思想内容的表达，有助于培养学生的英语交际能力。

二、英语课堂教学的环节

如何组织和控制教学过程对教学效果具有重大的影响。因此，教师要了解英语课堂的教学过程或环节，使英语课堂教学顺利开展。下面对英语课堂教学的环节进行具体介绍。

（一）组织教学

组织教学的目的是维持良好的课堂纪律，以稳定学生的听课情绪，使学生的注意力始终集中于课堂并保持较高的学习积极性和学习效率，以便于学生与教师在开展教与学的过程中保持默契配合，从而使课堂教学顺利进行，收到较好的教学效果。组织教学一般包括以下几点。

一是上课开始时，教师和学生要用英语互相问候。通过问候，教师一般可以将学生的注意力吸引到自己的身上来。有时在互相问候之后可以适当地谈论一些学生感兴趣的话题，这样可以更好地集中学生的注意力。师生之间的问候可以拉近彼此之间的距离，有利于营造和谐的课堂气氛，使课堂教学顺利进行。

二是师生问候之后检查一下学生的出勤情况。如有缺勤，应该向其他学生询问原因。通过这一行为，学生可以感受到教师的关心，有利于增加学生对教师的信任，从而有利于加强师生之间的情感交流，建立和谐的师生关系。

三是宣布本节课的教学内容和任务，将学生的注意力转移到学习上并开始讲课。这一方式可以使学生对此节课有明确认识，提高学生参与课堂活动的积极性。

四是在上课的过程中，教师要不断地以提问题的方式对学生进行引导，也可以根据学生的表现恰当地予以表扬、鼓励和批评，以促使学生集中注意力。

以上所谈及的内容只是组织教学时最基本的几个方面，教师还可以根据具体教学情况增加其他内容。例如，在检查学生出勤情况后，可以由教师提前指派学生用英语来作课堂报告。另外，值得注意的是，组织教学并非训斥学生，而是为了保证教学质量和教学效率，并把课程组织好，让学生在课后有进步、有收获，因此教师应该重视组织教学这一过程，做好组织教学的活动。

（二）复习检查

复习检查这一环节的目的是检查学生对前一节课内容的掌握情况，复习和巩固所学知识，发现、弥补上一节课的漏洞或学生学习的弱点，掌握学生的进步情况，督促学生学习，并为新知识的学习奠定基础。复习检查过程要注意以下几点。

一是检查学生是否按要求完成上一节课布置的课外作业，这样可以促使学生重视教师布置的课外作业。

二是以问答或听写方式复习上一节课所学知识，有助于学生养成课后自主复习的习惯。

三是讲解学生在复习中遇到的问题，弥补上一节课的漏洞，从而有助于学生巩固、完善上一节课的知识，为以后的学习奠定基础。

四是以适当的方式过渡到下一个课堂教学环节。

需要强调的一点是，为了摸清学生对所学知识的掌握程度，复习检查时要注意涵盖上一次课的全部内容。

（三）讲授新课

讲授新课是英语课堂教学中最重要的环节，其目的是让学生了解并初步运用新知识。讲授新知识应该由旧知识过渡到新知识，先简单后复杂，先具体后抽象，并且一堂课不宜讲授太多新知识，否则学生难以在短时间内接受过多的新知识，导致学生对所传授的知识难以理解和掌握。讲授新课环节主要包括以下内容。

一是使学生感知和理解新知识。教师讲授新知识时要遵循循序渐进的原则，不要期望学生立刻就会运用新知识，因此教授新知识时首先是要求学生能够感知、理解所教授的知识。

二是使学生初步运用新知识。当学生对新知识有所了解之后，教师就要引导学生初步运用这些新知识，使学生加深对新知识的印象。

为了帮助学生更好地感知和理解新知识，教师讲解时可以借助多种手段，如画图、手势、表演、视频等。在学生理解新知识之后，可以让学生做些简单的练习来灵活运用新知识，以加深对新知识的理解。

（四）反复操练

反复操练的目的是培养学生的言语能力与语言习惯。反复操练是提高教学质量的关键环节。在讲授新知识并安排学生运用新知识进行初步练习后，即可以安排学生进行反复操练，它包括学生做机械练习以复习新知识，也包括学生在教师指导下根据已有知识进行有意义、有创造性的练习，从而学会灵活使用新知识。

在进行反复操练前，教师应该考虑以下几个方面。

一是教师备课时应通过对新知识的分析整理出难点、重点，并据此选择练习题和讲解方法，使学生能够在复习中抓住重点，从而提高操练的效率。

二是反复操练不应毫无逻辑，而要由浅入深、由易到难，逐步提高对学生的能力要求，并且不断变换练习形式，保持学生的兴趣和积极性，提高学生在课堂上的学习效率，使学生在课堂中有更大的收获和进步。

三是在反复操练时，可以将集体练习和个人练习、依次练习和指名练习的方法结合起来运用，使每个学生都能得到反复、多次练习的机会，从而达到较好的练习效果。

四是在课堂上反复操练时应先做口头练习，再做阅读练习和书写练习并以口头练习为主，而把阅读和书写练习尽量留到课外进行。

（五）归纳总结

在课堂上反复练习之后，为了加深学生对新知识的印象，教师应对新知识进行归纳总结。归纳总结是对某一节课或某部分内容、某个知识点的总结，可以帮助学生抓住教学重点，加深学生对教学知识的理解，还可以锻炼学生的总结能力，因此是促进学生提高语言运用能力的有效方法之一。教师在归纳总结时应该言简意赅，突出重难点，这一教学过程对教学内容具有画龙点睛的作用。归纳总结既包括教师课前备课整理出来的重难点，也包括学生在练习中遇到的难点。换句话说，归纳总结并不只是教师的教学任务，也是学生的学习任务，归纳总结需要从教师的角度和学生的角度加以考虑。

（六）布置作业

课堂教学的时间是有限的，因此教师可以根据教学目的和课堂教学情况，向学生布置课外作业。布置课外作业不仅可以督促学生及时复习所学知识，还可以帮助学生培养良好的学习习惯，有效利用课后的时间。其目的在于督促学生及时复习新知识，巩固课堂学习成果。教师应该注意，课外作业要难度适中，不要把应该在课堂上完成的练习留作课后作业，并且说明课外作业的要求。

以上介绍了英语课堂教学的六个环节，但并不是每一节课都必须包含这六个环节，教师可以根据教学内容、教学目的、教学要求及学生水平对六个环节进行取舍，进行重点安排，以获得最好的教学效果。

第三章　高校大学英语课程体系建设

第一节 高校大学英语课程设置

随着人民生活水平的日益提高和国际交流的日益频繁，我国高等教育的国际化趋势也日益增强。

目前，我国已拥有包括西交利物浦大学、上海纽约大学在内的多所具有独立法人资格的中外合作大学。高等教育国际化不仅体现在合作办学上，还包括国际化课程推广。教育部指出，高校必须建立一整套具有国际竞争力，以英语作为授课语言的学士、硕士学位专业课程体系。

随着大批合作办学的大学和专业在中国的出现，以及外籍教授的讲座和讲学机会的增多，国际化课程和全英语课程在中国高校的开设已是大势所趋，用英语进行文献查阅和学术交流必将成为高校学生必备的一项重要技能。

目前，中国正处在全面深化改革的关键时期，面临高技术技能人才短缺的突出矛盾，为中国特色社会主义建设提供既掌握现代科学技术知识又接受系统技能训练的应用型、复合型、创新型人才，成为我国高等教育义不容辞的责任。在此背景下，高等教育，特别是地方新建本科高等教育迎来了由传统学术型大学向应用技术型大学转型的发展阶段。与此同时，教育部高考改革也将高考分为技能型人才高考和学术型人才高考两类。自此，高等教育的二次转型发展大幕已经拉开。高校转型发展既是挑战，又是机遇。转型发展要求转型院校在其办学定位、教育理念、人才培养、课程设置、教学模式等方面进行全面改革创新，改变地方高校单纯追求规模数量的外延式发展及一味模仿学术型大学课程设置和教学模式的做法，解决高校服务地方经济社会发展能力薄弱的问题。

长期以来，我国大学英语教学存在高分低能的现象，虽然近年来突出英语听说教学，但大学英语教学仍然存在语言应用技能不高的问题。究其原因，目前高校中大学生英语学习的积极性不高、效果不佳的根源在于大学英语的课程设置存在较大弊端。

一、核心概念界定

目前，我国大部分大学英语学习被划分为三个阶段：通用英语学习阶段、ESP 英语或学科英语学习阶段和跨文化英语学习专业阶段。国内学者提出的大学英语课程体系（群）包括通用英语、专门用途英语、分（学）科英语、英语通识教育、双语课程和全英语课程（非英语专业）六种，其中前四种侧重英语语言，后两种侧重专业知识，附带学习语言。

下面简要介绍通用英语、专门用途英语、分（学）科英语和跨文化教育。

（一）通用英语

通用英语是基础阶段的英语教学，满足日常交流、生活需要的英语，包括英语基本知识和技能。它强调学生理解英语语言的基本结构，包括语音语调、词汇、语法、句型结构等，培养学生听、说、读、写、译五种英语语言技能，我国从小学到大学一二年级的英语教学都属于通用英语教学的范畴，贯穿基础教育的全过程及过渡到更高层次的英语学习。

（二）专门用途英语

专门用途英语即 ESP 课程，在内容上与特定专业、学科或职业相关，在词汇、句法和语篇上侧重于与特定专业（职业）相关的活动中的语言运用。专门用途英语强调开展基于学科和专业内容的语言学习，在提高学生英语水平的同时，让其掌握一部分专业英语技能和职业英语技能。

（三）分（学）科英语

分（学）科英语是基于学科内容的第二语言学习课程。可以基于大类分科设置大学英语课程，如人文社科类、理科类、工科类；也可以根据更加具体的学科分类设置大学英语课程，如生物医学类、电子信息类、商贸类、人文艺术类、体育类等。分科英语侧重于一般学科知识，其目的是培养学生的各种学术技能，提供双语教学、专业英语教学、专业文献查阅，以及写作的词汇、语法、句型结构等语言知识和技能，为进一步的专业英语学习和全英语教学奠定基础。

（四）跨文化教育

英语通识教育课程是给非英语专业学生提供的以英语作为教学语言、以世界各国文化（含中国文化）为内容的大学英语课程。它旨在培养当代大学生国际视野下的跨文化素养和跨文化交际能力，提升其学业和职业竞争力。同时，大学英语通识教育课程也可增强中国文化软实力和国际影响力。

二、大学英语课程设置

传统的大学英语课程设置基本上是大学英语读写课程＋听说课程，始终徘徊在通用英语的基础英语教学阶段。这种大学英语的课程设置已经严重影响和制约了大学英语教学的可持续性发展和社会对人才的需求。目前，大学英语教学改革聚焦大学英语后续课程的开发和教学，强调大学英语教学重心应该实现由通用英语向专门用途英语的转变，应该以学术英语、职业英语和专业英语为主。综合考虑需求导向性、学生中心性和专业相关性原则，按照大学生认知发展特点和语言学习规律，大学英语教学按照通用英语、跨文化交际英语、学术英语、职业英语的顺序依次设置课程和组织开展教学，促进大学英语课程建设的集群化和课程设置的多元化。

（一）通用英语类课程

通用英语类课程是涵盖培养学生基础英语知识和听、说、读、写、译基本语言技能的英语学习课程。大学基础英语类课程包括大学英语读写课程或综合课程、大学英语听力课程、大学英语口语课程或大学英语（视）听说课程。通用类大学英语课程属于必修性质，开设在第一、第二学期，课程学分为4学分。

（二）跨文化交际类课程

跨文化交际类课程是为了培养学生的跨文化交际能力，使学生具有较高的文化修养和国际化视野而开设的。新的《大学英语教学指南》（2020版）还特别提出了大学英语教学应该增强中国文化的影响力和传播力，弘扬社会主义核心价值观。因此，大学英语跨文化交际类课程应该包含英语报刊选读、英文影视剧欣赏、英语国家概况、跨文化交际、欧美文学名篇选读、英语国家风土人情、中国文化英语教程、中国文化概况、中国传统文化英语教程、中国古典名著英译赏析、中国地域文化英译赏析等课程。跨文化交际课程属于指定选修性质，开设在第二、第三学期，课程学分为2学分。

（三）学术英语类课程

学术英语类课程包括基于技能学术英语课程和基于内容学术英语课程。基于技能学术英语课程有学术英语书面交流（学术英语阅读、学术英语写作、文献阅读与检索、论文写作、摘要写作、应用文体写作、学术英语翻译等）和学术英语口头交流（学术英语听力、学术英语口语、英语讨论和演讲、英语辩论、实用英语口译、报告陈述演示等）。基于内容学术英语课程有学术英语人文、学术英语社科、学术英语理工、学术英语管理、学术英语医学、学术英语艺术、学术英语体育、幼儿英语等；更具体的课程目录有商务英语入门、商务英语阅读、商务英语视听说、商务英语谈判、商务英语写作、跨文化商务交际、科技英语综合教程、科技英语阅读、科技英语写作、科技英语语法、科技英语视听说、科技英语翻译等。学术英语类课程属于指定选修性质，每个学生必修，但可以任意选择，修够规定学分即可。课程开设在第三、第四、第五学期，每门课程为2学分。

（四）职业英语类课程

职业英语类课程有艺术设计英语、经贸英语、包装印刷英语、医护英语、汽车英语、IT英语、土建英语、生化英语、机电英语、酒店英语、农林英语、旅游英语、市场营销英语、电子商务英语、物流英语、轨道交通英语、电子信息英语、自动化英语、幼师英语、银行英语、通信英语、法律英语、文秘英语、金融英语、财会英语、广告英语、会展英语、乘务英语、电影戏剧英语等。职业英语类课程属于任意选修性质，面向全校学生，课程开设在第六、第七学期，每门课程为2学分。

第二节　高校大学英语课程体系构建理论与现状

一、大学英语课程体系构建理论基础

（一）社会发展是"研究型"课程体系构建的社会基础

大学英语教学重心从基础英语到学术英语和"研究型"课程体系的转移，是时代和社会发展的需要。

首先，这一体系可以激发大学生学习课程的热情和动力，避免目前大学英语和高中英语教学内容重复的现象。随着时代和媒体的发展，新一代大学生的英语水平和改革开放初期大学生的英语水平相比已有了很大的提高，如果继续在大学英语教学中一视同仁教授基础英语，沿用高中英语教学内容，必然会造成基础级、提高级、发展级不同层次学生产生学习懈怠情绪。根据《大学英语教学要求指南》（2020版）规定，基础目标的学生应在高中阶段所掌握的词汇基础上增加2 000个，其中400个单词应与专业学习或未来工作相关；提高目标的学生应在高中阶段掌握的词汇基础上增加3 000个，其中600个单词应与专业学习或未来工作相关；发展目标的学生则能够在日常生活、学习和未来工作等诸多领域中，根据不同交际情景、交际对象用英语进行有效交流。因此，大学英语教学应该在前一两个学期（半年或一年）以通用英语教学为主逐渐过渡到以学术英语和研究性学习内容为中心，为学生在大学高年级用英语进行专业学习做好语言、内容，以及学习、学术技能上的准备。

其次，可以为培养适应市场需求的高科技人才扎实地走好第一步。目前，大部分重点工科院校仍会给学生开设以人文科学为教学内容的基础英语课，分析文章结构，讲解语法词汇，训练听、说、读、写、译等日常交际技能。这样的教学模式对学生今后在各自专业领域中的发展帮助不大。我国懂外语的人很多，但能熟练使用外语的工程技术人才却不多。在市场经济的大环境下，通过10年时间（6年中学＋4年大学）培养出来的人才不能满足市场的需求，这不能不说是资源和时间的巨大浪费。

最后，把大学英语从基础英语转为学术英语和"研究型"课程英语也将为学生在大学高年级接受双语或全英语授课做好准备。目前，很多教授英语专业课的教师感慨，学生在用英语记笔记、分小组陈述观点，阅读英文版教材和专业文献，写期末论文等方面有一些前期的锻炼是完全有必要的。

（二）大学英语改革是"研究型"课程体系构建的有力推手

随着多媒体和网络技术在外语教学中的应用，我国当前的大学英语教学在形式上与传统的形式相比已有了很大的改观。学生视、听、说的机会增加了，从以往单一的教师传授发展成学生多模态并用的小组活动、双人活动等，这些是传统教学无法实现的。然而，在习惯了一段时间多媒体教学的新颖形式后，学生学习的积极性急剧下降。究其原因，主要是在网络环境下的以交际法为主导的任务型外语教学方法归根到底还是语言技能训练，这与传统的教学方法本质差别不大。长期的语言技能训练不但已经挫伤了学生学习外语的热情，而且导致学生在思维上产生了一定的惰性，不愿费神费力，甚至厌学。因此，英语教学不能等同于语言技能的传授和训练。英语教学既不能是纯英语语言知识的教学，也不能是纯英语语言技能的教学。英语教学应该是也只能是结合专业内容的教学。从语言技能教学转向内容教学是中国英语教学改革的根本出路。而语言的内容就是思维，语言是思维的载体。外语学习的结果不但是语言交际能力的提高，更可以是思维方式的拓展、价值观念的重组和人格结构的重塑；并且只有思维能从根本上发挥学习者的能动性，能实现新一轮大学英语改革的目标（教育部高教司《大学英语课程教学要求》）："以学生为中心，从传授一般的语言知识与技能，到更加注重培养语言运用能力和自主学习能力的教学模式的转变。"

（三）"全人"教育、终身教育、教育国际化等教育思想是"研究型"课程体系构建的教育哲学基础

"全人"指全面发展的人。社会发展的核心是为了人的全面发展。"全人"教育思想更加注重素质教育，重视对学生创新能力的培养，注意学生的个性发展，因材施教。终身教育思想注重学生学习能力的培养，强调科学方法教育，注重教会学生学习的方法和对学生品格的塑造。[①] 教育国际化是现代科技发展和信息化社会的产物。随着科技的不断发展和经济全球化步伐的加快，特别是加入世界贸易组织（WTO）后，中国高等教育更加广泛地参与全球范围内的教育服务竞争，高等职业教育开放的力度更大，参与国际交流的地域更广，与外国合作办学的机遇更多，而这一切都以外语和计算机为基础。大学英语"研究型"课程作为一门新兴课程，体现了"全人"教育、终身教育及教育国际化等教育思想。

---

①周保群．大学英语教学模式与课程建设研究［M］．重庆：重庆大学出版社，2020：107．

二、大学英语课程体系构建现状分析

（一）大学英语教学改革亟待寻找新定位

近年来，大学英语教学改革已取得了明显成效：第一，标准建设取得了重大进步。教育部高等学校大学外语教学指导委员会制订印发了《大学英语教学指南》（2020版），作为各高校组织开展非英语专业本科生英语教学的主要依据。第二，教学方法取得了重大进步。充分利用现代信息技术特别是网络技术，构建基于课堂和计算机的大学英语教学新模式。第三，项目建设取得了重大进展。全国多所高校成为大学英语改革示范点，教学团队建设和教学分师评选取得成效。第四，教师队伍建设取得了重大进步。教师整体学历和教学能力在逐年提高。第五，四、六级考试改革稳步推进。

但是，我们必须看到，大学英语教学改革还存在很多不容忽视的问题：教学模式相对单一，大学生英语综合应用能力不强，大学生英语学习的积极性、主动性、创造性不强，教师业务水平和教学能力亟待提高等。如何解决这些问题，将是大学英语改革的新目标。

（二）课程建设的必要性

以学术英语和研究性学习为新定位的大学英语教学改革已经引起了国内外专家的重视。英国语言学家大卫·格雷多尔预言，英语仅仅作为一门外语来学习的时代即将结束。学习者需求的变化和市场经济的变化导致英语教学正在同传统的英语教学方法决裂。英国文化委员会在一项大型英语调查中得出结论：将来的英语教学是越来越多地与某一个方面的专业知识或某一个学科结合起来。在日本，大学英语课程已从"学习英语"转向了"用英语学习"。在中国香港地区，大学英语学分主要在学术英语上。在我国内地，大学英语教学正悄悄地从单纯基础语言培养向实用能力（包括与专业有关的英语能力）培养转移。

当前英语课程建设的必要性如下。

首先，可以给大学英语改革带来新的动力。当前大学英语课程教学的主要问题在于大学英语教学仍然以普通基础英语为主要教学内容，不具备实用性和社会交往性，无法适应经济发展的需要；课堂教学内容与就业需要关联不大，无法形成学生主动学习的内驱力；教学方法落后、教学模式陈旧，很少甚至没有吸收学生的自主性、主体性、实践性；教师和学生都无法从宏观上充分看到英语学习的即时价值和意义，把语言学习和社会、经济发展剥离开来。因此，以培养学生学术书面和口头汇报能力为目标的大学英语"研究型"课程可以给大学英语改革带来新动力。

其次，可以满足新一代大学生对大学英语课程的需求。大学英语课堂上学生沉默、学习懈怠，以及出现课堂上不学、课后上培训班的现象主要是因为现有大学英语的课程设置和授课方式未能很好地迎合新时代学生的需求。"00后"的新生代在网络和多媒体环境下长大，他们用于日常交际的英语能力较过去的大学生有很大进步。但是，他们的应用能力较弱，双语和全英语专业授课上听课、要点记录、观点陈述等方面，以及原版教材和专业文献阅读，论文及摘要撰写等方面语言能力缺失。《大学英语教学指南》（2020版）提出要充分发挥现代信息技术在英语教学中的重要作用，大力推进现代信息技术与课程教学的深度融合，强调培养大学生英语综合应用能力、增强跨文化意识和交际能力，同时发展自主学习能力和培养思辨能力。因此，应针对新时代大学生同一时间能承担多重任务、能通过感官学习、反馈快速等特点，调整教学定位，为社会培养能熟练使用外语的应用技术人才。

最后，可以推进教师职业化进程。提高人才培养水平，最根本的是提高教师质量；提高大学英语教学质量，最根本的是提高教师教学水平。尽管近年来大学英语教师队伍建设取得了稳步发展，但这支队伍的业务水平和教学能力还不能完全适应大学英语教学改革的新要求，表现在观念陈旧、教师角色转变难等问题上。因此，在新课程体系建设的背景下，教师必然更新观念、转变角色，提高学术水平和教学水平。育人者必先育己，立己者方能立人。

第三节 高校大学英语立体课程体系建设

一、大学英语立体课程体系建设的理论依据

随着我国加入WTO，国际交往日益频繁，社会对英语的综合应用能力，尤其是听说能力的需求日益增强，而原有的课程体系以必修课为主，选修课开设门类少，学生没有太多的选择余地，不能满足学生的需求。为适应社会需要和提高教学效率，满足不同学生的学习需求，必须改革现有的大学英语课程体系，依据教育学、心理学、语言学等学科理论，建构新的大学英语立体课程体系，真正体现"把成才的选择权交给学生"的教育理念。

（一）以人本主义课程论为出发点

"课程"一词来源于拉丁语词根，指"跑道"。课程是比较标准的"场地"，学生在上面跑向终线（获取文凭）。人本主义课程论产生于20世纪70年代的美国，现代人本主义课程论是在抨击"学问中心"课程论的"非人性化"的浪潮中应运而生的，从教育本身的

角度来看，其内涵也从知识向"人性论"在不断发展。人本主义课程论强调每个人都得到他所能达到的充分完善，使个体具有独立自主的人格。人本主义课程论强调人性化，人的个性发展是人全面发展的条件，同时个性发展也受全面发展的制约。因此，人性化原则与现代教育全面发展原则是完全一致的。此外，人本主义课程论还强调人的全面发展，在课程组织结构方面，人本主义课程观强调"综合"。从人的认知结构和客体的知识结构来看，遵循综合化原则是十分必要的。首先，知识组织和认知结构具有横向联系性质，是纵横交错、复杂的网络系统。知识只有在横向和纵向的联系中才有确切的意义。教学任务的综合规划是教学最优化的重要措施。其次，从心理学的角度来看，理解新知识的前提是在已有新知识和已牢固掌握旧知识的情况下，学生头脑中已有的要领以及具体实际之间建立起逻辑联系与因果联系、功能联系以及其他各种联系。以人本主义课程论为出发点，大学英语立体课程体系为每个学习者提供真正有助于个性发展和成长的经验，充分发挥各自的个性，同时符合现代社会对人才的要求。

（二）以建构主义理论为基础

大学英语立体课程体系是以人类社会发展需求为动力，以人才培养目标为中心，倡导个性化学习，包括自主化学习、启发式学习和趣味性学习。建构主义理论强调学习者如何在自己的思维中构建知识，使学习过程符合人类认知规律。建构主义理论认为知识不是通过教师传授得到的，而是学生在一定的社会文化背景下，借助于他人（教师和学习伙伴）的帮助，利用必要的学习资源，通过意义建构的方式获得的。该理论强调以"学"为基础来设计教学，同时强调学习过程的真实性和社会性，强调学习是一种目标的指引、意义的建构和信息的不断积累。因此，该大学英语立体课程体系在不同程度上体现了建构主义理论。

（三）以整体语言教学理念为指导

美国亚利桑那大学教授、"整体语言"学派的主要倡导人之一——古德曼（K. Goodman）研究发现：儿童在读写受到比较重视的环境里，读写能力发展的过程与听说能力发展的过程是并驾齐驱的。[1]古德曼等学者认为整体语言教学不是一种简单的语言教学方法和技巧，而是关于语言、语言学习、语言教学、教学内容及学习环境的一整套理论和原则。整体语言教学认为语言教学应是一个整体过程，语言知识和技能应通过自然的语言环境加以培养，而不应人为地把语言知识和技能分割开来孤立地进行培养。语言教学应以学生为中心，考虑学生的需求、目的、兴趣、能力、学习风格和策略，鼓励学生主动发现、探究和学习，从而增强学生的学习欲望。也有学者持同样的观点，他们强调语言教

---

[1] 刘广宇，王运华. 英语课程体系构建与教学改革研究［M］. 长春：吉林人民出版社，2020：143.

学应从整体着手，听、说、读、写是语言作为功能结构综合整体的有机组成部分。语言技能不应当被分成听、说、读、写，而应该同时教。教师的功能则从知识的灌输者转变为学生学习的指导者、促进者、活动设计者和组织者。整体语言教学不仅能为提高学生的听、说、读、写能力打下扎实的基础，而且有利于培养学生分析问题、解决问题和运用英语的能力，从而达到真正提高学生的交际能力和培养学生英语综合应用能力的目的。整体语言教学理念强调语言能力培养和发展的整体性，符合大学英语的教学要求和教学目标，该理念为大学英语立体课程体系实施提供了保障。

（四）以把英语语言、中外文化和多学科知识系统地融入大学英语教学之中的教育理念为依据

人的发展与需要是课程体系改革的根本动力。有学者结合大学英语学科的特点，明确提出了把英语语言、中外文化和多学科知识系统地融入大学英语教学之中的教育理念，把大学英语课程改造成英语语言学习和技能训练、跨文化交际以及通过英语获取多学科基础知识的一门综合性的、多功能的课程。英语语言能力、跨文化交流意识和多学科知识是高素质人才应具备的基本要素，是素质教育的保障。培养英语语言能力是大学英语的基本功能，而跨文化交际意识的培养也是大学英语课程应尽的职能，是大学英语通识教育应完成的任务；通过英语获取多学科知识是大学英语后续课程发展的重点，是与其他专业课程在素质教育中分担的"共性"任务。该理论无疑为建立新的大学英语课程体系提供了有力的理论依据。大学英语课程不仅是一门语言基础知识课程，也是一门拓宽多学科知识、了解世界文化的通识教育课程。

因此，在设计大学英语立体课程体系时，以人本主义课程论为出发点，以建构主义理论为基础，以整体语言教学法为指导，以把英语语言、中外文化和多学科知识系统地融入大学英语教学之中的教育理念为依据，保证了大学英语立体课程体系设置的科学性和可行性。

二、大学英语立体课程体系建设的意义

（一）有利于实现与《普通高中英语课程标准（2017年版2020年修订）》的衔接

大学英语立体课程体系有利于培养学生的英语综合应用能力，增强学生的自主学习能力，提高学生的综合文化素养。《普通高中英语课程标准（2017年版2020年修订）》要求学生掌握一定的英语基础知识和听、说、读、写技能；形成一定的综合语言运用能力；养成良好的学习习惯和形成有效的学习策略；发展自主学习的能力和合作精神。大学英语立体课程体系的教学目标与《普通高中英语课程标准（2017年版2020年修订）》的教学目标

是接轨的，系统、连贯的培养和学生实际应用英语能力的提升，改变了过去大、中、小学各阶段英语教学自成体系、互不连通、条块分割、各行其是的局面。

（二）有利于实现大学英语课程设置的系列化和多样化

大学英语系列课程将基础课和选修课完美结合。大学英语基础课作为核心课程旨在帮助学生打牢语言基础，选修课作为外围课程为不同的学习对象做准备，以学生存在的差异作为出发点，由社会发展需求及学生实际需要而定。大学英语系列课程设置既可以实现课程设置的纵向协调，也可以实现课程设置的横向联合，满足厚基础、宽口径人才的培养需求，进而为高校培养了大批具有国际竞争力的人才。

大学英语立体课程体系中各课程之间具有内在的相关性和整体性，既注重英语综合素质的培养，又将学科性、专业性和个体性结合起来。同时，该课程体系有不同的层次性，每一体系的课程都有难度或程度上的区别，从共性到个性，从基础到专业，满足了不同学科和不同层次学生的需求，具有多样化的特征，有利于学生共性和个性的共同培养。课程体系的系统性、层次性和多选择性有利于实现大学英语课程教学目标。

（三）有利于完善大学英语后续课程建设

选修课程能够在一定程度上为学习者提供更多的选择和提高英语水平的机会。基础英语课程是开设选修课程的前提，我们需要在加强基础教学的同时，开设更多的英语选修课程，以满足学习者对英语的实际需要。按照教学安排，学生在完成基础阶段的大学英语学习后，就可以根据自己的兴趣和爱好选修技能类、应用类和文化类的大学英语课程。这些公共选修课不但可以延续基础阶段后的英语教学，扩大学生的人文素质知识面，还可以提高他们的语言技能和文化素养，为他们学习专业英语课程和双语课程打下坚实的基础。开设大学英语公共选修课为基础英语向专业英语教学过渡提供了通道，避免了因语言学习的断层使学生英语水平下降，避免了因外语应用能力的欠缺而阻碍学生积极参与对外开放和扩大交流的各项活动，避免了制约学生在科学研究、经济建设等方面发挥主力军的作用。

（四）有利于培养学生的英语综合运用能力

大学英语立体课程体系注重培养学生的英语综合应用能力，尤其是口语表达能力，学生有更多的空间和时间，根据自己的学习能力、兴趣和就业需要在一系列的选修课中自由选择。

（五）有利于学生开展个性化学习和自主性学习

大学英语立体课程体系基于现代信息技术应用，特别是以网络技术为支撑，使英语教学不受时间和地点的限制，重视学生的自主学习愿望，激发学生自主学习的积极性，提供自主学习的环境和条件，体现以学生为中心的教学原则。从课程体系设计上看，有利于改变过去强调以教师为中心的教学模式。由于学生的学习个性不同，该课程体系在课程设置上开设多种个性化课程供学生选择，既可以体现个性化的教学和学习，也可以培养学生自主学习的能力，让学生在学习语言的同时掌握自主学习的方法和策略。

（六）以用促学、以用导学，有利于增强学生的学习动机和就业竞争力

非英语专业学生学习英语的最终目的是能在日常的工作中运用英语，更主要的是能在各自专业领域灵活运用英语进行专业交流、专业英语阅读和写作。许多大学生对英语学习缺乏动力。大学英语立体课程体系注重以用为导向，将英语语言与专业学习联系起来，以激发学生的学习动机，便于学生了解本专业最新发展动态，加强学生利用英语进行专业文献阅读和写作的能力，从而培养国际化的高级人才，增强就业竞争力。

（七）有利于转变外语教学思想观念，提高教师教学业务水平

大学英语教学目标明确提出要提高学生外语综合素质，重点培养英语综合运用能力。通过大学英语立体课程体系建设，教师已在教学过程中体会到英语综合运用能力培养的重要性，在教学方式、教学内容和评价方式上已转变了思想观念。在新的课程体系和教学要求下，大学英语教师已从英语教学者转变为英语教育者，从课堂控制者转变为课堂组织者，从知识灌输者转变为学生建构知识的导航者，从语言知识培养者转变为学生自主学习能力的培养者。教师已经不是知识的载体，他们的作用主要体现在指导和帮助方面，促进学生在教师指导下主动地、富有个性地学习。因此，教师应不断提高自己的知识水平、授课技巧、组织能力、课堂设计能力等，树立全新的教育思想。教师在贯彻新的教学理念的同时，应改进教学方法、丰富教学内容、提高教学研究能力。

第四章 高校大学英语课堂教学策略与模式

第一节　高校大学英语课堂教学策略

英语教师在授课过程中不仅要采取一定的教学方法，而且要运用合适的教学策略，如此才能高效完成教学过程，提升学生的英语水平，达到教学的最终目的。下面首先来了解一下教学策略的定义、构成，然后重点分析英语课堂常用的教学策略。

一、英语教学策略认知

在分析教学策略之前，首先来了解一下什么是策略。"策略"一词原本是一个军事术语，意为"实现战略任务而采取的手段"。可见策略是战略的一部分，具有较大的灵活性。《国际教育百科全书》将"策略"定义为"对大规模军事行动所做的计划和指导"。[1]

随着语言的发展，策略突破了原来的含义，成为一个普通用语，并渗透工作和生活的各个领域，如经商策略、讲话策略、教学策略等。在教育领域，策略又分为学习策略和教学策略。通过对各个民族以及各个领域对"策略"的使用情况进行整合，可以对策略的共性进行整合。一般情况下，策略指谋略、计策、技术和艺术。"策略"一词具有自身的特点。由于策略具有可操作性，因此能够将策略与宏观的原则、规划、设计相区分；由于策略具有控制、统摄作用，因此能够将策略与微观的技能和方法相区分。

（一）英语教学策略的定义

20世纪60年代以后，以美国匹兹堡大学罗伯特·格拉塞（Robert Glaser）为首的一批认知心理学家最早提出并首次使用了"教学策略"一词。教学策略对教学理论研究的深化及教学实践的变革都有重要价值，是当前教学研究的一大热点问题。然而迄今为止，国内外的教育界对教学策略的定义尚未形成统一的口径。

阿姆斯特朗（D. G. Armstrong）指出，教学策略是通过系统地安排教师活动，借以帮助学生达到某一单元所确定的教学目标。

加涅（E. D. Gagne）认为，教学策略就是帮助学生以自己的努力达到每一个作业的计划。教学策略不仅可以以课时计划的形式出现，还可以以媒介材料的编写说明形式出现。[2]

我国著名学者鲁子问主张，教学策略是指教师在一定教学理念的指导下，根据自己对

---

[1] 王笃勤. 英语教学策略论［M］. 北京：外语教学与研究出版社，2002：1.
[2] 喻平. 论教学策略［J］. 现代教育论丛，2000 (5)：29-31.

具体教学任务及教学情景的理解和认识，对教学活动起调节作用的系统的行为，以实现最佳的教学效果。

尽管国内外学者对"教学策略"的定义一直存在分歧，但是通过比较、分析不同学者对教学策略的定义界定，我们发现这些界定有一定的共性：教学策略有一定的目标，是在特定教学情境下，为完成特定的教学任务而产生的，包括教学活动中方法的选择、材料的组织、对师生行为的规范等。

因此，可以将教学策略定义为：教师在一定教学理念的指导下，根据自己对具体教学任务、教学情景的理解和认识，通过选择教学方法、教材等对教学活动进行调节和控制，以达成教学目的、完成教学任务的一系列执行过程。它包含以下几层含义。

一是教学策略是教师在现实的教学过程中对教学活动的整体性把握和推进的措施，不同于教学设计，也不同于教学方法。

二是教学策略包括教学活动的元认知过程、教学活动的调控过程和教学方法的执行过程。

三是教学策略并非是静态不变的，而是一系列有计划的动态过程，具有不同的层次和水平。

四是教师在编制、选择与运用教学策略时要着眼于教学活动的全过程，要兼顾教学的目的、任务、内容以及学生的状况和现有的教学资源，灵活机动地采取措施，保证教学的有序进行。

（二）英语教学策略的构成

通常而言，教学策略由指导思想、教学目标、实施程序、操作技术构成，具体分析如下。

1. 指导思想

指导思想是某一教学策略所依据的理论基础，它是教学策略的灵魂。在编制和实施教学策略的过程中，教师在不同的教学指导思想影响下，会选择、使用不同的教学策略。因此，教师应明确相应的教学指导思想，掌握一定的教学理论，从而在实际教学过程中编制出切合实际的教学策略，保证教学的顺利开展和有效实施。这样，既发挥了理论的价值，又避免了教学的盲目性。

2. 教学目标

教学策略是为实现教学目标、完成教学任务而编制的。而教学目标是教学策略的核心构成要素，某一个具体的教学策略是针对某一具体的教学目标编制的，因此教学过程中所编制的教学策略要尽可能地满足教学目标所提出的其他要求。在教学策略的选择和实施过程中，无论是活动内容、活动方式，还是活动过程，都是以教学目标为指向的，为实现教学目标而存在。例如，知识教学的讲授策略，其教学目标是教师通过分析并讲解较难理解的教学内容，再变换语言的表达方式，简化教学内容，从而便于学生理解和接受，最终令学生达到理解、掌握并能够独立运用知识的目的。

如上所述，任何一种教学策略都以一定的教学目标为指向，但是教学策略与教学目标并不是一一对应的关系。一种教学策略可以有多种教学目标，其中教学目标又分为主要目标与次要目标。因此，在编制和运用教学策略的过程中，应当明确主要目标，因为它是区别不同教学策略的依据，也是运用教学策略的重要依据。

3. 实施程序

教学策略是针对某一具体的教学目标而编制的程序化设计，因此有其自身的实施程序。因此，教学策略的实施需要按照此程序逐步展开。由于教学活动的开展具有复杂性、特殊性，教学策略的实施程序不是一成不变的，是相对稳定的。另外，教学策略的实施程序有一定的先后顺序，但是没有一定的定式。简单地说，教学策略的实施程序能指出教师在实施教学策略时的具体操作顺序，也就是先做什么、其次做什么、最后做什么，但是随着教学条件的变化以及教学进程的改变，具体操作程序需要进行相应的变换和调整。

4. 操作技术

在具体教学过程中，教学策略的有效实施，需要有一整套明确、易行的操作技巧和要领做保证，这些操作技巧与要领可以简称为操作技术。操作技术是指教师运用教学策略的方法和技巧，它一般包括以下几个方面的内容。

一是教师方面，涉及教师在教学策略中所扮演的角色、地位与作用。

二是教学内容方面，有教学策略的编制标准及教师对教学内容的选择和运用。

三是教学手段方面，包含平常教学所需的教学手段以及运用此教学策略所需的特殊教学手段。

四是适用范围方面，涉及本教学策略适用的学科性质、年级层次等。

以上几个方面的操作技术是相互联系、相互影响的，它们共同构成了完整的教学策略。

二、英语课堂常用的教学策略

教学策略的研究是继学习策略研究之后兴起的，教学策略的种类很多，其在不同的教学情境中使用会产生不同的效果。下面将重点介绍几种常见的英语课堂教学策略，包括准备策略、组织策略、提问策略和管理策略。

（一）准备策略

课前准备是良好课堂教学的开端，课前准备由三个要素构成，分别为教学目标、教学主体和教学材料，下面就从这三个方面对课前准备策略进行详细的阐述。

1. 教学目标的分析

教学目标有广义和狭义之分。狭义的教学目标是与学校和课堂相关联的，与学校相联系的教学目标是学校根据国家教育目的，以及学生生理、心理和知识的发展水平而制订的教学计划。广义的教学目标是教育的目的或计划，是把社会的需要转换成教育的要求。[①]教学目标是教育者对教学活动的预期，它需要以一定的课程内容为媒介，并与课程内容的选择和组织有着密切的联系。下面介绍几种分析教学目标的方法。

（1）目标关键词化。所谓目标关键词化指的是教师在为某一学科编制课时目标时要采用具体、明确、有针对性的关键词来进行表述，以确保目标具有可检验性和可操作性。一般来说，课堂教学目标包括三方面内容，即认知、情感和动作技能，这三个方面按照从简单到复杂对目标水平进行描述，共同组成了一个完整的目标体系。因此，教师应将教学目标的分类当作一个整体来考虑。

将目标关键词化最大的困难就在于对相邻分类的关键词进行区分，特别是在教学目标没有被清楚地陈述时。为此，教师应该积极参与到年级集体备课工作中去，与其他教育工作者分享自己的观点，同时也听取其他人的看法。将目标关键词化对于教学目标的分析和实施都是非常有意义的。

（2）目标行为化。美国俄亥俄州立大学的泰勒（Taylor）教授最早提出行为目标的概念，随后有学者提出行为目标包括行为、条件、流畅水平或标准三个部分。教师在进行目标行为化的过程中，要注意三个方面：教师先要明确学生将要做的；教师要描述在怎样的条件下，学生的行为会发生怎样的变化；教师要规定期望学生达到怎样的行为标准或成就水平。

从教学目标指导、测量和评价的功能来看，行为目标主要具有以下优点：目标行为化以后，教师能够设计出更适合的教学方案，而学生也能够清楚地了解学习任务，更有效地利用时间；目标行为化为人们提供了共同讨论的理论框架，特别是为学生、教师、教育管理者以及学生家长之间进行有效的交流和沟通提供了统一的标准；好的行为目标稍做变化就可以作为测验题，而目标行为化可以使测验变得更简单。教师要想将目标行为化应用在教学中必须具备三个基本条件：掌握目标行为化的操作要求；进行系统的认知心理学和行为心理学理论的学习，进行应用技术方面的训练；坚持在教学准备时自觉运用目标行为化

[①] 何少庆. 英语教学策略理论与实践运用［M］. 杭州：浙江大学出版社，2010：14.

策略。

（3）目标演绎。由于有些教师不能意识到行为背后所隐含的真正的教学目标，因此常将教学局限在表面行为上，导致不能达到预期的教学效果。为此，有学者采用描述内在心理和外显行为相结合的目标演绎来陈述教学目标，即教学目标从一般教学目标到一系列特殊的学习结果，每一特殊结果又和一般目标相联系（即目标演绎）。[①] 目标演绎主要具有以下特点。

教学目标是对学习者的学习行为结果进行的陈述，而不是对教师的教学行为进行陈述。其目的在于引起教师对学生行为变化的关注。

目标演绎适合陈述情感领域的教学目标，教师需要对学生心理变化的实质有所把握。

目标演绎没有提供行为产生的条件和相应的评价准则或作业标准。

一般教学目标被建立以后，应使教学目标的陈述尽量足够具体，以实现观察和测量的目的。在对内在能力和情感变化进行描述之后要提供足以证明预期的内在变化已经出现的行为样例，以便为评价教学目标是否完成提供依据。

2. 教学主体的分析

教师在进行课前准备时要充分考虑自己的认知风格和监控能力。有学者将个体的认知风格分为场依存型和场独立型两种。场依存型的人的态度和意象容易受到环境的影响，而场独立型的人较少受环境的影响，多利用自己内在的参照来理解和判断。教师在进行课前准备时要对自己的认知风格加以分析。

教师还应对自己的监控能力进行分析。教师的自我监控能力主要包括在教学活动开始前结合自己的特点和经验对教学任务和教学环境中的因素进行分析，确定教学目标；根据教学目标安排教学步骤，选择教学策略；预先设计解决问题的可能方法，并预计其可能的效果；准备在未来的教学活动中监控教学进程，对教学行为进行反馈、维持或调整。此外，教师在分析自身状态的同时还应对学生的状态进行分析，了解学生的认知水平，分析学生的认知风格，这些都是教师进行课前准备所需要的参考资料。

3. 教学材料的选择

教学材料是教学内容的载体，教学材料的选择要与学生的实际水平相符合。教学材料的选择要注意以下几个方面。

（1）教学材料的选择要注意生活化。教师在选择教学材料时，要将教学内容与学生的现实生活结合起来，这样有助于激发学生的学习兴趣，加强学生对知识的理解。

（2）教学材料的组织要有结构化。每一门课程都有自己的结构，教师在组织教学材料时也要有结构，这样才能促进学生对所掌握的知识进行迁移和回忆。

---

① 何少庆. 英语教学策略理论与实践运用 [M]. 杭州：浙江大学出版社，2010：16.

（3）教学材料的传递要情境化。教师要利用各种有效的情境传递教学材料，实现教学目的。在没有现实情境可用的情况下，教师可利用各种教学媒体创设情境，将学生带入一个特定的氛围中，这样可以激发学生的学习兴趣，使学生积极参与到解决问题中来，从而有效地利用教学材料，以达到最佳的教学效果。

（二）组织策略

课堂组织是课堂教学的生命，课堂组织是否有效直接关系着教学活动能否顺利开展。所谓"组织"，就是将教学活动中的各个要素进行联系和安排，而英语教学中的组织策略是教师通过整合新旧知识之间的联系，从而形成新的知识框架。可见，组织策略主要是针对课堂教学而言。课堂教学是教学的主要形式，是现代学校教学工作的核心，也是提高学校教学质量的关键。良好的课堂组织有助于提高教学的质量，营造和谐的教学氛围。教师是课堂教学的主导，没有教师的有效组织，任何教学活动都不能起到良好的效果。因此，教师应该掌握一定的方式和技巧，有效地处理课堂问题，合理地安排教学活动，从而保证教学活动正常进行。下面具体介绍课堂组织的原则和策略。

1. 课堂组织的原则

要使课堂教学顺利进行并更加有效，课堂组织必须遵循一定的原则，概括来讲，课堂组织需要遵循以下九点原则。

（1）课堂教学面向全体学生。

（2）激发学生的学习兴趣，培养学生的信心。

（3）课堂教学紧扣教学目标。

（4）引导学生积极参与课堂教学。

（5）联系学生原有知识。

（6）进行准确清晰的教学。

（7）整合听、说、读、写四项技能。

（8）重视学生的自主学习。

（9）促进学生的合作学习。

2. 课堂组织的策略

课堂组织策略是课堂有效管理的重要保证。下面对一些比较常用的课堂组织策略加以介绍。

（1）一分钟问卷。一分钟问卷课堂组织策略通常用于课堂结束之时。此时教师会发给学生一张"试卷"，要求学生对课堂的主要内容进行总结，并写出自己存在疑惑的问题。完成后，由教师统一收齐。这种答卷不需要判出分数，只是用来了解学生的具体学习情况。对于很多学生共同存在的问题，教师可在下次上课时一并进行处理。一分钟问卷的组织策略有助于教师了解每一名学生的具体情况，做到因材施教。

（2）计划参与。在班级活动中，学生的积极参与是其积极学习的重要表现，积极参与课堂教学可以促使学生独立分析学习材料，提高学生独自解决问题的能力。有些教师习惯在下课之前让学生提问，学生在多数情况下只是将其看作课堂内容总结，并不会有积极的回应。针对这一情况，教师可以采取计划参与的策略，提前告诉学生下课前5～10分钟为学生提问时间，这样学生既有了心理准备，还会促使学生在课堂学习过程中有意识地去发现问题，有效地利用上课时间。

（3）参与记录。为了使学生真正参与到课堂活动中来，教师可以要求每名学生准备一张纸，在纸上写上自己的姓名，将自己上课回答问题以及提问的情况记录在纸上。这样做有利于教师掌握课上学生参与课堂活动的情况，并根据了解到的情况，随时调整自己的教学策略。

（4）指定参与。指定参与是指教师在每一堂课指定某一个小组参与讨论。指定参与是大班教学中用来促进学生间互动交流的常用技巧。通过轮流指定不同的小组参与讨论，可以使每个小组和每个人都可以获得展示自我的机会。

（5）思维小憩。有学者建议，教师在课堂上问一些反问句，给学生20秒的时间进行思考，然后教师再对所提问题进行解释。这一策略有助于培养学生解决问题的能力。为了保证学生真正参与到这一活动中来，教师可以要求学生将自己的答案或理解写下来。

（6）学生反馈委员会。教师通过学生自愿的方式成立一个学生反馈委员会，与学生每周见面一次或两次。学生可以在见面时就课堂上自己的活动情况以及教师的授课情况等方面提供反馈信息。教师可以根据学生提供的信息随时调整自己的教学方案，以便更好地管理课堂。学生反馈委员会可以为教师组织课堂教学提供帮助，使课堂管理变得更加轻松。

（三）提问策略

提问不仅是课堂教学最常用的策略之一，还是最具影响力的教学策略之一。问答这种话语形式对于语言的习得具有很大的促进作用。在课堂上，问题的类别、问题的反馈以及教师对提问过程的控制等会对学生的学习过程产生积极或消极的影响。课堂教学的有效性在很大程度上取决于提问的策略性。因此，对于提问策略的研究具有十分重要的意义。

1. 课堂提问的原则

课堂上，教师在提问时需遵循以下原则。

（1）有效性原则。高质量的提问能够有效激发学生的思维、促使学生积极参与，能够提高学生的认知水平和解决问题的能力。高质量的提问首先要确保问题的有效性，有效问题一般具有以下特点：简明扼要、具体，能够为回答提供清晰的回答模式；能够要求学生在各个概念之间建立联系；能够引发活跃的课堂对话；能够照顾学生的理解力，能够运用幽默的语言为学生提供畅所欲言的氛围；能够通过组织学生解释、概括、推论为学生提供深入理解材料的机会；一般为发散性问题、开放性问题，有助于学生认知能力、思维能力的发展。[1]

(2) 启发性原则。教师的提问必须具有一定的启发性。教师所提出的问题要能够启发学生的求知欲，激发学生参与到问答活动中来，刺激学生去思考，引发学生进行自主探究，从而促进学生创造能力和思维能力的培养。在具体的教学过程中，教师要根据课程类型的不同采取不同的提问方式。当学生给出的回答过于简短时，教师要进行追问，鼓励学生对自己的答案进行解释和说明，扩展和丰富自己的答案，启发学生的思维。对于教学过程中出现的知识难点或是模糊的地方，教师要进行有针对性的提问，有目的地对学生加以点拨，帮助其突破难点。总之，教师的提问要能够启发学生思考，帮助学生形成全面的认知结构。

(3) 兴趣性原则。兴趣是学习的内在动力，因此教师的提问必须具有兴趣性。为此，教师要结合教材和学生的心理特点提出具有挑战性和启发性的问题，还要善于抓住最佳的提问时机，以激发学生的兴趣。具体来讲，教师可以在课堂开始时向学生提出一些展示性或事实性的问题；当学生思维高度活跃时，教师可以提出一些开放性、推理性、参考性问题，这类问题没有固定的答案，有助于学生分析和理解所学内容，强化学习兴趣，有利于学生保持积极的思维状态；当学生的思维转入低潮时，教师需要提出一些巩固性和强调性问题，以此来重新激发学生的学习兴趣。

(4) 互动性原则。教师的提问必须具有互动性。传统的课堂提问遵循的一直是"教师问，学生答"的固有模式，学生处于非常被动的地位，课堂行为受制于教师的指令，因而课堂气氛比较沉闷，学生的主动性和积极性都较低，提问的效果也较低。互动性原则要求教师在提问时发扬民主作风，提问时态度要和善，语气要温和，要给学生留出插话或发表意见的机会，尽可能地消除学生的紧张心理，使课堂气氛轻松愉悦。学生在回答问题时，教师要认真倾听，并对学生的回答做出激励性评价。教师要善于用鼓励性的言语激励学生，激发学生的求知欲，鼓励学生勇于向同学和教师提问，促使学生积极参与课堂活动，从而使学生之间以及教师和学生之间形成积极互动的良好学习氛围。

(5) 整体性原则。教师在课堂上进行提问的主要目的是调动全体学生的积极性，促使全体学生进行思维活动。因此，教师的提问必须面向全体学生，不能只是提问主动的学生，也不能形成"一对一"的回答场面。在具体的教学实践中，有的教师喜欢采用"点名字—提问题—答问题"的提问方式，这样很容易让没有被提问的学生觉得提问与自己无关，因此也不会积极参与和思考，这样就无法达到整体性的提问效果。因此，为了达到整

---

[1] 赵长林，王桂清，李友雨. 大学课程与教学研究[M]. 北京：北京理工大学出版社，2020：97.

体性的效果，教师可以采用"先提出问题，后点名字"的方式对学生进行提问，这样所有的学生都能够积极地参与并思考问题，让每个学生的思维得到充分的锻炼。需要注意的是，教师在提出问题以后要留给学生足够的思考和准备时间，这样学生回答问题的质量就会比较高，语言输出的机会也会更多。

（6）层次性原则。教师的提问必须具有层次性。这就要求教师在提问时必须紧扣教学内容的重点和难点等关键内容，对教学内容的逻辑顺序、内在联系和学生的已有知识和能力进行深入的分析，然后按照由浅入深、由易到难的规律设计一系列的问题。教师在提问时要注意循序渐进，根据学生的不同水平逐步深入。例如，对于学习成绩较落后的学生可以提一些层次较低的、机械记忆的问题，而对于学习成绩较好又善于思考的学生则可以提一些需要通过分析、比较、总结等对信息进行组织的问题，这类问题需要经过高阶思维才能得出答案，因此可以很好地锻炼学生的思维能力。

（7）科学性原则。教师在课堂上提出的问题必须符合学生的认识水平和认知特点。为此，教师在提问时必须使用学生能够听得懂的词汇，并且问题的答案必须清楚、准确，一定不能含糊不清。在具体的教学实践中，教师要根据学生的年级特点，综合考虑大多数学生的实际水平，选取"最佳的智能培养高度"进行设问，确保大多数学生经过努力思考以后能够准确回答，这样才能充分调动学生的思维积极性。

2. 课堂提问的策略

课堂提问是否有效取决于提问的策略是否运用得当。提问涉及四个阶段，即准备、发问、学生组织答案、教师提供反馈。针对这四个阶段，提问策略可以分为四部分，即计划策略、问题设计策略、控制策略和评估策略，下面对这四种策略分别进行介绍。

（1）计划策略。要想进行有效的提问，教师需要提前做好准备。因为在很多情况下提问中会涉及语言组织方面的问题，教师需要提前计划好才能使学生运用其所具备的能力。在具体的课堂教学中，教师可以针对课堂提问进行如下准备工作。

首先，选择提问的内容。在课堂教学中，教师提问的侧重点会成为学生学习的重要依据，因此教师在选择提问内容时要慎重，不应选择不重要的内容进行提问，以免对学生产生误导。

其次，确定提问的目的。教师在准备提问时要针对不同的课型和教学目标确定不同的提问目的，在课堂教学的过程中按照提前确定好的提问目的有针对性地进行提问，采用不同的提问技巧，提出不同层次的问题。确定提问目的是有效开展提问活动的前提。

再次，问题的组织。问题的组织是提问策略的重要组成部分，教师在组织问题时应该注意以下几点：教师在组织问题时要确保问题的回答内容尽量丰富，避免提只需对或不对就可以回答的问题；教师所提的问题应具有足够的弹性，以满足不同学生的需要；教师所提的问题要具体，不可太过笼统，所提问题最好能够激发学生的参与热情；教师所提的问题中不应包括答案。

最后，书面问题。教师在还未完全熟练掌握提问策略之前需要将要提的问题写下来。

（2）问题设计策略。问题的有效性会受到问题类别及教师提问方式的制约。帮助教师在提问阶段选择恰当问题的方法就是问题的设计策略。常用的问题设计策略有以下几种。

①调节。教师所提出的问题要与学生的知识水平和思维能力相符合。

②简化。教师所提问题的语言要简单、清楚，要尽量使用学生熟悉的词汇进行提问。

③提问继续性问题。在课堂教学中，当学生正确回答问题后，教师要在学生回答的基础上进一步提问，激发学生的讨论热情，提高学生的参与度；当学生的回答不得当或不完整时，教师应该继续提问，引导或暗示学生做出正确回答。

④提问发散性问题。有调查发现，学生普遍比较喜欢发散性问题，因此教师在提问时要注意增加发散性问题的比例。

⑤提问具有挑战性的问题。教师的提问不应过于简单，要具有一定的挑战性。因为对挑战性问题的正确回答能够培养学生的自信心，促进学生能力的发展。

⑥提问与学生有关的问题。教师要确保提问的内容与学生的生活或经历有关，所涉及的话题是学生所了解的，这样能够激发学生参与的兴趣。

⑦提问能够启发思维的问题。学习的主要目的是培养学生的思维能力，因此教师在提问时要控制信息性问题的数量，尽可能多地提问一些能够启发思维的问题。

（3）控制策略。控制策略是指在提问过程中，教师有意识地对自己的提问方式进行调整的策略。实施控制策略的方式有以下几种。

①问后提名。问后提名是指教师先问问题，给学生留出思考的时间，然后再进行提名。

②排序。排序是指教师所提的问题应该体现出层次性。也就是按照由封闭性问题到开放性问题、由聚合性问题到发散性问题、由浅层问题到深层问题、由易到难的顺序进行提问。

③变换。变换是指教师在提问时要对问题的种类、提问方式和提名顺序经常进行变换，以提升学生的新鲜感。

④诱导。提问时，当学生不能回答出问题时，教师要在了解学生具体情况的基础上对自己的提问进行调整，帮助学生找到问题的答案。

⑤转移。转移指当被提问的学生不能做出回答时，教师可将问题转向其他学生。

⑥增加等待时间。一般来说，教师应在发问后，给学生留出3~5秒的时间，让学生组织自己的答案，但最多不宜超过20秒。

⑦全方位注意。全方位注意是指教师应面对所有学生进行提问，从而使每一名学生都能够集中精力参与课堂活动。

⑧提问不主动的学生。学生不同的性格特征决定了学生在课堂上会有不同的表现，因此教师在提问时要充分考虑学生的个体差异，有针对性地提问。教师可以通过提问的方式集中学生的注意力，为性格内向的学生提供更多表现自己的机会，促进学生积极参与课堂活动，使课堂教学活动得以顺利进行。

（4）评估策略。评估策略指的是教师用于反馈的手段。教师要及时对学生的提问或回答做出应有的评价，这是提问有效进行的重要保证。常用的评估方式有鼓励、表扬、引用及使用身势语等。

①鼓励。在英语教学过程中，教师的鼓励对学生具有重要意义。当学生不能回答教师提出的问题，或学生的答复不得当时，教师切不可冷言相对，挫伤学生的自尊心，而是应该给予学生适当的鼓励，不断提供暗示，帮助学生分析原因。

②表扬。教师的表扬是对学生能力的一种认可。特别是那些能力相对较差的学生更需要得到教师的表扬。教师的表扬可以增强他们的自信心，从而帮助他们正确回答问题。

③引用。引用是一种间接的表扬方式。教师在陈述答案或进行总结时，如果能够引用学生的语言，则会起到比口头表扬更好的效果。通过引用的方式对学生的表现进行总结，会使学生获得认可感和成就感，从而激励他们向着更高的目标去努力。

④使用身势语。通过表情、手势等身势语来进行评价也是一种很重要的评估策略。

（四）管理策略

课堂教学是一个动态的过程，要保证教学的顺利进行，就离不开教师对课堂行为及活动的管理与控制。保证教学活动按照既定的目标进行需要教师运用各种方式处理教学中的问题，也需要教师采取有效的管理策略。只有对课堂进行有效的管理，才能促使英语课堂教学发挥出预期的效果。课堂管理策略主要包括布局、指令给予和活动形式选择。下面分别加以介绍。

1. 布局

课堂管理策略中的布局应遵循以下四个原则。

（1）活动自由原则。教室的布局要能够满足教师在教室里来回走动的需要。

（2）目标适应原则。教室的布局要能够满足不同课堂活动的需要。

（3）教师注意原则。教室的布局要能够满足教师监控整个课堂的需要。

（4）学生注意原则。教室的布局要能够满足学生注意教师的需要。

2. 指令给予

教师在课堂上给予学生活动指令时要遵循以下原则。

（1）清晰原则。教师给予学生的指令要简短明了。

（2）演示原则。教师在给予学生指令时要配以演示。

（3）时机原则。教师给予学生指令时要把握好时机，确保学生已进入听课状态。

（4）抽查原则。教师可抽查学生对指令的理解，清楚学生对活动的了解程度。

（5）先行组织原则。教师在给予学生指令时要注意新旧知识的连接。

（6）起止清楚原则。教师在给予学生指令时要明确告知活动开始和结束的时间，以方便学生合理安排。

（7）指令完备原则。教师给予学生的指令必须是完整的。

3. 活动形式选择

课堂活动形式选择包括参与定向、活动定向和目标定向。参与定向是指课堂采取的不同活动的参与形式各不相同，教师的监控和参与也不同。活动定向指的是不同的活动对组织形式有不同的要求。目标定向指的是不同的活动有不同的目标。在具体的教学实践中，教师可以根据需要采用不同的活动，但无论实施哪种活动都需要进行认真的准备。例如，开展全班性的活动可以采用展示性的活动，需要注意的是，在学生展示后要引导学生进行互动，可根据展示内容进行问答或讨论，以使展示达到最佳的效果。

总之，教学管理是否得当关乎英语教学的成败。从近些年国内外的研究和教学实践来看，加强课堂管理的知识和技能的培养已成为世界性的发展趋势。美国的一位学者说过，出色的课堂管理不仅意味着将教学中的不良问题降到最低，还意味着能在问题出现的时候及时进行有效的干预。教师的管理策略应该以学生为中心，使学生积极主动地参与到学习中来，从而建立良好的师生关系，形成一种相互尊重、相互信任的教学氛围。

第二节　高校大学英语课堂教学模式

所谓课堂教学模式，是指在一定的教学思想和理论的指导下，为了实现教学目标而编制的具有相对稳定性的教学活动与方法的构架。随着现代信息技术的不断进步和发展，课堂教学模式已经发生了巨大的变革。新的教学模式已经遍布教与学的每一个角落，其中新的教学模式主要有个性化教学模式、多媒体与网络教学模、情感教学模式。本节主要对这些新的课堂教学模式进行分析和探究。

一、个性化教学模式

英语教学是面向学生的，不同的学生其心理特征、精神面貌也是不同的。因此，必须要尊重学生的个性化特征及其身心发展的客观规律，这也是国家对英语教学工作的最起码的要求。另外，不同的学生、不同的个体、不同的特征也要求英语教学应该将侧重点放在学生的爱好和特长上。早在 2000 多年以前，孔子便提出了因材施教的教学理念，即要求在教学中对不同的学生要采取不同的教育方式。而这一理念在当代英语课堂教学中仍旧适用，当代英语课堂教学应采用个性化教学模式，这不仅有利于提高教师的教学效果，也有助于促进学生的全面发展。下面就对个性化教学模式展开具体的分析和论述。

（一）个性化教学模式的定义

个性化教学实际上指的是根据不同个体的个性特点，采用不同的教学方法和途径以达到预定的培养目标，可以采用个别教学、小组教学或班级教学等教学组织形式，抑或几种教学形式穿插使用，可视具体教学需求灵活运用。值得一提的是，个性化教学与普通教学在教学手段和教学条件等方面大致相同，并非一种特殊的教学手段，其在实践过程中，仍要以教材为依托，以课堂为平台，只是这种教学方式为教师和学生提供了更大的个性展示空间。个性化教学不是对传统教学的否定，并不意味着教师可以随心所欲地授课，而是必须以教学目标为指导，以学生为教学重心，遵循英语教学规律，由浅入深、循序渐进地开展教学活动。个性化教学是英语教学法的发展趋势，是顺应新的教学理念的表现，这一教学模式的开展有利于教育质量的提高和学生个性化的发展。

（二）个性化教学模式的特征

与普通的教学模式相比，个性化教学模式主要有以下几个特征。

一是学习进度：学生可以按照自己的学习进度安排学习过程。

二是学习媒介：学生可以选择适合自己的学习媒介。

三是学习方法：学生可以选择适合自己学习风格的学习策略，体现多样化的特点。

四是学习内容：学生可以从自己的兴趣和爱好出发，选择适合自己的学习内容，实现自己的学习目标。

五是学习目标：课程目标具有多样性，可以适应学生的个体差异。

六是评价方法与标准：不同的学生由于其选择的学习任务不同，其评价方法与标准也不同，教师需要根据其选择的领域、层次来进行判定。

（三）个性化教学模式的优势

从个性化教学模式的定义与特征中不难看出，其具有明显的优势。这主要体现在以下五点。

一是能够确立学生的主体地位。

二是为学生创造了更为广阔的发展空间。

三是有利于学生展现自己的学习优势。每一个学生都有其自身的优势领域，通过个性化教学，可以将这些优势呈现出来，从而扬长补短，充分挖掘出自身的潜能。

四是促进学生的品格、人格向着健康的方向发展。由于个性化教学模式为学生创设了一个轻松、自由的氛围，在这一氛围中，师生之间、生生之间和谐相处，同时学生也可以张扬自己的个性，勇于表达自己的观点，实事求是。

五是有利于学生创造能力的发展。在英语学习的过程中，学生有饱满的热情去体验和感受学习过程，解决学习中的实际问题，从而发展自身的创新精神和创造能力。

（四）个性化教学模式的实施方法

由于教学目标、教学理念、教学技术的不断发展和革新，英语课堂教学应该实施个性化教学模式。在英语课堂教学中，实施个性化教学时应充分考虑学生的个性特点，这必然能在一定程度上提高英语课堂教学的成效。但是如何实施个性化教学呢？下面就对个性化教学模式的实施方法进行介绍。

1. 尊重学生的个性发展

我国的教育教学工作十分重视学生的素质教育，而素质教育和学生的个性发展有着紧密的联系，两者相辅相成，相互促进。因此，在英语教学过程中，必须重视个性化教学对素质教育的影响，同时加强学生的思想品德教育，从而全面提高学生的综合素质。

教师在英语教学中尊重学生个性发展的原因如下。

（1）个性是素质教育的重要出发点。随着我国现代化进程的逐渐加快，社会的不同领域需要各种各样的人才，那么，如何才能在相同的教育制度下培养出不同的人才是素质教育的根本问题。显然，传统的教育观念是行不通的，只有以学生的个性特征为出发点的个性化教学才能有针对性地培养出学有所长的人才。也就是说，素质教育必须要尊重学生的个性特征和主动精神，以开发学生的智慧潜能为教学重心，以培养学生的健全个性为教育根本，这样的教育才能适应社会的发展需求，才能培养出有理想、有道德、有文化、有纪律的全面发展型人才。

（2）个性倾向性影响个体的素质发展。个性倾向性是推动人进行活动的内在驱动力，也是个性发展中最为活跃的因素，它决定人想要做什么、想要追求什么。可以说，人对外界的认知和态度的选择及趋向都取决于人的个性倾向性。具体而言，个性倾向性包括需要、动机、兴趣、爱好、态度、理想、信仰和价值观，这些因素对个体素质发展的影响具体体现在以下几个方面。

第一，理想和信念对素质发展的影响。理想和信念是人不断发展和前进的精神动力，无论是对工作、学习，还是对生活都起着重要的激励作用。科学的、坚定的理想和信念往往可以推动人们积极地、满腔热情地投入想要追求的事业，也更有可能取得重大成就。可以说，理想和信念是人生的推动器。

第二，需要和动机对个体素质发展的影响。心理学认为，需要是动机的一种刺激，有需要就会有动机，有动机才会有行动，因此需要和动机在个体的素质发展中具有引发和强化行动的功能。例如，你想要了解某个知识，会去看相关的书籍；你想要买衣服，就会去逛商场；你想要锻炼身体，就会每天坚持跑步。可见，人的需要是动机的诱因，有了动机才会付诸行动。在个性的形成和发展过程中，个体的需要和动机表现出明显的差异，这也使得需要和动机对行动发挥指向性作用，也就是说，不同的个体有不同的需求和动机，这些需求和动机促使他们向满足自身需求的方向努力，他们的行为就会表现出一定的指向性。因此，要想培养个体在某一方向上的素质，必须使个体对某一方向具有需要的追求和动机。

第三，兴趣和爱好对个体素质发展的影响。兴趣和爱好可以激发个体的求知欲。人们通常会对感兴趣的事物产生探索和求知的欲望，这一欲望会驱使他们主动地寻求答案。相关调查结果显示，一个学生对不同的学科有着不同的兴趣，不同学科的成绩也相差很大，感兴趣的学科的成绩一般比较理想。由此可见，兴趣和爱好是学生学习的内在动力，重视学生的兴趣和爱好有利于提高教学效果，培养学生的学习积极性和创新精神。

2. 尊重学生的主体地位

学生是学习过程的主体。教师在英语教学过程中，应该尊重学生的主体地位，坚持以人为本的教育理念，与学生平等对话，引导学生进行合作学习，只有这样，才能突出学生的主体地位，充分发挥学生的主体作用，提高学生英语学习的积极性和主动性，从而有效地提高英语教学效果。

（1）帮助学生认识并明确自身的主体地位。这就要求教师在日常的教学过程中，注重培养学生自我管理、自主学习的能力，引导学生积极主动地参与教学活动，并养成独立思考问题的习惯。

（2）英语教学工作的安排和设计都要以学生为中心，在教材的选用方面也要充分考虑学生的心理特点及兴趣爱好等。

（3）英语课程的每个环节的设计都要考虑学生的需求，课堂中穿插的活动也要以学生为中心，以学生的需求为依据。

总之，尊重学生的主体地位是实施个性化教学的关键。教师只有尊重学生的个性差异，发挥学生的主体作用，才能帮助学生不断培养和提高自身的综合素质。

3. 尊重学生的自尊心理

自尊是人类所有行为中最有渗透性的方面，对人类行为具有十分重要的影响。甚至可以说，如果一个人缺少自尊、自信和对自己的了解，就无法进行任何成功的认知和情感活动。

有学者给自尊下了一个很好的定义：自尊是指个人所做的并习惯性地保持的评价。自尊表达出赞同或反对的态度，表明个人对自己的能力、意义、成功和价值相信的程度。就英语教学而言，学生的学习效率和效果受到自尊心的重要影响，而学生的自尊心很大程度上来源于教师对学生的尊重。因此，每位教师都必须懂得尊重学生，多关注学生身上的闪光点，并予以肯定，这样才能帮助学生取得进步。

二、多媒体与网络教学模式

随着现代化信息技术的发展，多媒体、网络技术得到迅猛发展，并且广泛地应用于社会的各个领域，尤其是多媒体技术和网络技术已广泛应用于英语课堂教学中，使多媒体教学模式与网络教学模式逐渐形成，同时这两个模式也成为我国英语课堂教学的重要模式。下面就对这两种新型的教学模式展开具体论述。

（一）多媒体教学模式

由于信息技术不断地与英语教学相结合，多媒体教学模式在英语教学中占据着越来越重要的地位。下文主要对多媒体教学模式的相关知识进行分析和探讨。

1. 多媒体教学模式的定义

在分析多媒体教学模式的定义之前，有必要先对多媒体的定义进行简要的概述。

"多媒体"一词最早产生于20世纪60年代，是由英文multimedia翻译而来，它最初是指两个或者两个以上的媒体组合成的一个单一的系统，即材料是通过多种感官通道进行交流的。[1] 现如今，由于计算机技术和通信技术的飞速发展，多媒体也有了越来越多的定

---

[1] 王琦. 信息技术环境下的外语教学研究［M］. 北京：中国社会科学出版社，2006：140.

义。很多国内外专家、学者从不同角度研究多媒体及其相关领域。这些定义大致可以分为以下三类：一是对用户来说，它是一种以计算机为控制媒介的技术；二是对创作群体来说，它是可以开发创造多媒体产品的技术和软件技术系统；三是对技术人员来说，它是一系列软件和硬件的集合体。

下面列举几种比较常见的定义。

（1）多媒体是文字、图形、动画、视频、音频的结合体，而计算机是这些媒体之间相互联系的纽带。

（2）多媒体是结合了两种或者两种以上应用功能的计算机技术，这些应用功能可以是动态的，也可以是静态的。

（3）多媒体是在传统计算机功能（包含文字、图像、图形以及逻辑分析等）的基础上与音频信息、视频信息以及为了知识创建和表达的交互式应用的结合。

上述定义主要是从用户的角度来界定的，而多媒体应用于英语教学也是从用户的角度出发研究多媒体的技术和功能，因此二者不谋而合。

多媒体教学系统主要由软件和硬件两个部分组成，其中软件包含 DVD 软件、媒体播放软件、数字语言实验室软件等；而硬件包含电视摄像机、扫描仪、显示器、打印机、音响、音频卡、触摸屏等。与一般的计算机软件相比，多媒体系统具有数据量大、信息种类多等特点，因此它需要具备更高层次的输入输出设备，否则很难保证音质、视觉等效果。

通过对多媒体的了解，不难归纳出多媒体教学就是利用多媒体技术进行外语教学，以适应新形势对英语课堂教学的要求。在多媒体教学模式中，多媒体技术起着重要的辅助作用，英语教学是该模式的中心。在该模式中，教师的任务并不是决定选择哪一媒体，而是将重心放在课堂的设计、教法的选择上。在这一认识的基础上，充分发挥多媒体教学模式的优势，从而促进英语课堂教学的发展。

2. 多媒体教学模式的特点

随着现代化教育技术的不断发展，多媒体技术的发展日益成熟，并不断地应用于英语课堂教学之中。多媒体技术与英语课堂教学的整合，其目的是培养学生的语言综合运用能力。而与其他各种教学模式相比，多媒体教学模式具有如下几个特点。

（1）信息媒体的多样性。人们对信息的接受和反映主要依赖于视觉、听觉、触觉、嗅觉及味觉。其中，视觉是人们获取信息最主要的途径，占 70%～80% 左右，听觉一般占到 10% 左右，而通过触觉、嗅觉及味觉获取的信息加起来为 10%。信息呈现的多媒体化可以为语言学习提供更多的技术手段，因此英语教师应该将文字信息与听觉、视觉信息结合起来，使学习者可以通过多感觉信息交流，将自己置身于真实的语境之中。

另外，信息媒体的多样性还有助于提高学习效率。在学习过程中，对知识进行强化是非常重要的环节，而多媒体辅助教学有助于及时强化、及时反馈，加强知识的记忆，这是由于计算机具备强大的处理器功能。多媒体教学软件能够在短时间内调动有利于英语学习的信息，也能为教师与学生提供及时的反馈，针对反馈，师生可以逐渐调整教学策略或学习策略，从而强化学生对英语知识的记忆。例如，当讲解或者示范某个知识点的时候，多媒体软件可以短时间内提供整篇文字、画面或者录像，并且具有准确性和生动性。

（2）信息处理的集成性。传统的教学模式主要以教材为中心，很难培养学生的语言综合运用能力。而多媒体教学模式是将各项信息技术结合起来，采用多种方式收集和存储信息，这明显具有集成性。

多媒体信息技术的集成性是通过多媒体技术将文字、图形、音频、视频等多种媒体信息集中在一起呈现出来，使学习者可以从眼、耳、口等多种渠道接受信息并送入大脑，再由大脑进行分析和判断。这种集成性可以使人们轻而易举地获取信息，从而使得英语课堂教学更加生动形象。

（3）学习模式的多元化。多媒体教学模式使学习模式更加多元化，从而激发学习者的学习兴趣。在传统的课堂教学模式中，每个班级内的学习成绩经常会出现两极分化的情况，而在多媒体教学模式中，教师可以根据学习者的个体差异来安排学习内容，从不同学生的个体特点及思维特征出发，进行个别化教学。这种教学模式不受时间的限制，教师可以随时给学生安排学习内容，让学生采用适合自己的方式来学习相关课程，使每个学生都能够达到学习目标。

（4）学习过程的互动性。多媒体教学模式在学习过程中具有互动性。所谓互动性，是指将人的活动当作一种媒体纳入信息传播过程中，能够使信息的发出者和接收者都可以参与其中，且参与方都可控制、编辑和传递信息。

互动性有助于在获取和使用信息时充分发挥学生的主观能动性，加强对信息的分析和理解。在多媒体教学环境下，教师可以人为地改变语言学习的顺序，随机变换操练句型，从而更好地做到因材施教；学生也可以主动检索、查询感兴趣的知识或还未掌握的知识，而不是被动地接收信息。

（5）数字化资源的共享性。利用多媒体技术，有助于实现数字化资源共享，这就意味着无论是文本素材还是视听课件，都可以复制到互联网上。目前，我国很多教材出版商都会专门设立自己的网站，这些网站中包含了与其教材相配套的电子教案和电子素材，教师可以根据需要自行下载，然后将其应用于实际教学中。

3. 多媒体教学模式的优势

与传统的英语课堂教学相比，多媒体教学模式有其自身的优势，这主要体现在以下几个方面。

（1）能够打破时空限制。在传统的英语课堂教学中，由于教室空间有限，一般情况下只能容纳几十个学生，而且每节课的时间也是固定的。因此，英语教师只能在有限的时空里开展教学活动。

然而，与传统的英语课堂教学不同，多媒体教学模式打破了时空的限制，学生除了可以在课堂上进行语言学习之外，还可以在任何时间、地点运用多媒体软件进行学习，具有更大的自由性和灵活性。在课外，学生可以利用多媒体软件对课堂上未掌握的知识点进行有针对性的学习，还可以掌握与之相关的、扩展性的资料，这样可以使学生随时随地了解学习任务。

（2）能够优化课堂环境。传统的课堂教学中，座位靠后的学生，有时很难听清教师的讲课内容。而多媒体教学则大大弥补了这一缺陷，无论学生位于教师的任何位置，都能够听清教师所讲的内容。这是因为多媒体最大的优势就是将音频、视频融为一体，这对于大班教学来说具有非常显著的特点，有助于优化课堂环境，提高教学效果。

（3）能够激发学生兴趣。从多媒体的组成上可以得出，多媒体教学将文本、图形、音频、视频等融于英语教学之中，这种方式可以避免传统教学模式下的单一性、枯燥性，更加充满动态色彩，从而充分地调动学生的积极性和学习兴趣。

（4）能够增加课堂信息量。传统的英语教学以课本内容为主，而多媒体教学能够在此基础上提供更多教学内容，让学生利用文本、图像、声音、影像等进行英语学习，这大大丰富了学生的知识量。

（5）能够实现以学生为中心。多媒体教学能够给学生提供一个更为真实的语言环境。在这一环境中，学生可以发挥自身的主观能动性，合理安排自己的学习时间、学习内容、学习进度，变被动为主动，积极地进行英语学习。可见，多媒体教学实现了真正意义上的"以学生为中心"，这有利于培养学生的英语综合能力。

4. 多媒体教学模式的设计原则

从多媒体教学模式的特点中不难看出，多媒体教学模式要比传统的教学模式有着更大的优势。但是，多媒体教学模式在以高效、现代化的手段来辅助英语教学时，也需要遵循一定的教学原则。如果没有这些教学原则的指导，多媒体教学模式很容易产生事倍功半的结果。下面就来重点论述一下多媒体教学模式的设计原则。

（1）以学生为中心原则。该原则将学生作为教学活动的中心和主体。在学习过程中，学生可以从自身的特点和实际的英语水平出发，主动参与其中，选择适合自己的学习内容，建构自己的知识体系。在人与机器交互的过程中，学生积极思考，动手操作，从而激发自身的学习动机。例如，学生在学习语言的过程中常常会遇到各种各样的问题，运用多媒体技术，学生可以随时地与教师和同学进行交流并解决问题。同时，学生也可以自行进入下一个单元的学习。可见，这种以学生为中心的多媒体技术不仅为学生提供了自由的空间，也为学生提供了大容量、高密度的学习内容，从而保证学生自身学习效果的不断提高。

（2）认知原则。多媒体教学模式要坚持认知原则，该原则主要包含两个层面：一是对学生的认知发展予以关注，从而培养其自身的认知策略；二是对学生的认知差异予以特别关注，针对不同学生的学习风格给予个别化的指导。伴随着多媒体技术广泛应用于英语教学中，它不断推进着学生认知的发展。由于传统英语教学的班级规模比较大，因此难以做到因材施教。而在多媒体技术的辅助下，学生可以选择自己的学习内容、控制自己的学习进度，这也有利于该原则的实施。

（3）文化原则。培养学生的跨文化意识是目前英语课堂教学的一项重要内容。众所周知，语言是文化的载体，语言与文化是密不可分的。英语学习的过程实际上是认识和了解英语国家文化的过程。如果忽视了文化的学习，那么英语学习也就失去了意义。因此，在多媒体教学模式中，教师应该始终坚持文化教学原则，为培养学生的跨文化意识提供更为广阔的空间。

（4）情感原则。在英语学习中，情感因素也是影响学习效果的一个重要因素。情感因素包含学习兴趣、学习态度、学习动机等。而情感因素分为积极的情感因素和消极的情感因素两大类，积极的情感因素对英语学习起到促进作用，而消极的情感因素则起到阻碍作用。在多媒体教学中，教师应该设计一些具有趣味性、交互性的活动，这样才能调动学生的积极性，激发学生的学习动机，从而吸引学生的注意力。同时，多媒体教学也提供了一种新型的教学方式，使传统枯燥、抽象的教学内容转化成有趣、形象的教学内容，那么这些抽象的课文被一些直观形象的场景所替代，这不仅增加了学生的学习兴趣，也便于学生理解和记忆。

（5）交际性原则。英语学习的目的主要是为了顺利进行交际。要想掌握英语这种交际工具，就必须不断提高听、说、读、写、译这五种基本技能。目前，多媒体技术已经应用于英语教学的诸多领域中，利用多媒体的强大功能，学生不仅可以进行虚拟对话，还可以修正自己的错误，这无疑会提高学生自身的表达能力，即交际能力。

（6）情境性原则。语言学习与情境是分不开的。真实的情境可以激发学生产生联想，将自己已有的知识运用于新知识的同化与探索中，将新旧知识相结合。如果多媒体教学能够与真实的语境相结合，学生就会有更多的机会参与到课堂讨论、角色扮演等互动之中，从而不断练习和使用自己已有的及新学到的语言知识。

（7）系统性原则。英语学习不是一蹴而就的，是一个循序渐进的过程。学生对语言的掌握也是一个从初级到高级过渡的连续体。多媒体教学应该遵循目标渐进化、内容系统化的递进原则。同时，这一原则还要求教学软件具有较强的适应性，便于学生使用；还要求不断提高教学难度，自动追踪学生的学习进度，主动发现学生学习过程中遇到的困难，并提供适时的帮助。

（二）网络教学模式

除多媒体教学模式之外，另一个新型的教学模式就是网络教学模式，这是因为随着网络技术的不断发展，英语课堂教学也发生了变革，因此将网络技术应用于英语教学之中是大势所趋。这一教学模式从一定程度上弥补了传统英语教学模式的不足，更加注重学生的中心地位。下面就重点来分析和探究一下网络教学模式的相关内容。

1. 网络教学模式的定义

英语网络教学模式是在一定的教学思想和理论的指导下，基于计算机网络技术，为实现英语教学目标而建构的教学活动框架和教学方式。该模式包含以下五种要素。

（1）英语网络教学需要宏观的教育理论及中观的英语教学方法做指导。宏观的教育理论是指认知主义教学理论和建构主义教学理论等；中观的英语教学方法包含语法翻译法、交际法、听说法等。

（2）英语网络教学需要一定的网络技术。英语网络教学在信息查询、信息呈现、人机互动、网络交流等方面，都需要师生不断学习更新的网络技术。

（3）英语网络教学需要建立在英语教学目标的基础之上。不同的教学目标和教学内容应该对应不同的英语网络教学模式。

（4）英语网络教学需要英语教学资源的支撑。其中包括文本、音频、动画等呈现的教学资源是直接教学的工具，也是英语网络教学的核心要素。

（5）英语网络教学需要基于教学活动框架和教学方式。这就是说，运用一定的教育理论将教师、学生、网络技术、教学资源进行合理的安排和组织。

2. 网络教学模式的特点

网络英语教学是指运用网络技术进行英语教学的过程。它作为一种全新的教学模式，有着自身鲜明的特点。下面逐一进行说明。

（1）教学目标的多元性。从因材施教的角度来看，教学目标的多元性是由学生个体的差异性（如学习风格、学习方法、学习兴趣等）决定的。传统的教学模式对于实现教学目标的多元性是有一定困难的，而网络教学模式从学生的实际情况出发确定教学目标、学习起点及学习内容，对学习环境做个别的优化。

（2）教学过程的交互性。交互性也是网络教学的一大亮点。交互的方式是师生之间、生生之间以及人机之间。和多媒体教学相似的是，网络教学也可以为学生提供一个真实的语言环境，通过网上交谈、电子邮件等形式将自己置身于真实的语境中，从而不仅能够及时得到信息反馈，还能够提高学习的兴趣，最终收到良好的学习效果。

（3）教学方式的先进性。网络教学在知识建构的过程中，改变了传统"满堂灌"的教学模式，在这一过程中，教师只是对学生知识的建构起到一定的组织和调控的作用。网络教学的方式也是多种多样的，如多层次教学方式、自主控制的个体化教学方式等。这些方式不仅为学生提供基本的符号信息，也为学生提供包含动作、图示在内的真实情境。总之，多样化的教学方式、丰富多彩的教学材料以及图像和音频，能够激发学生的学习兴趣和积极性，从而培养学生的形象思维。

（4）教学管理的便利性。近些年，全国各大高等院校都在不断地扩大规模，并投入大量的资金建立语言实验室，可是仍旧不能满足学生的需求。但是，网络教学的引入，使任何一台电脑都可以和学校的网络建立连接，从而共享其内容，这就跨越了时间、空间的限制，使学生可以随时随地进行英语学习。这样不仅满足了学生的需求，也减少了资源的浪费。

3. 网络教学模式的优势

随着现代教育技术的改革，网络技术已经成为实施网络教学的一个重要手段，其主要具有以下优势。

（1）能够实现教学媒体的多样性。多媒体教学信息媒介具有多样性的特征，这一点对于网络教学来说是非常有利的一个方面，通过文字、音频、视频等元素来实现对学生感官的刺激，因此可以全面提高学生的听、说、读、写、译能力。

（2）能够灵活运用时间和空间。这是网络教学的最大亮点，它突破了传统教学中时间、地点以及人数的限制。在网络上教学，可以不限人数，也可以不限时间，当然也不需要集中于某一个固定的地点，无论你身处于何方，都可以参与学习。这不仅给学生带来了便利，还使学生学习的成本明显降低，大大提高了学生的学习效率。

（3）能够保证视听训练便于操作。在传统的听、说、读、写、译教学中，是很难做到重复训练的，主要是因为重复训练具有两个层面的复杂性。

第一，受时空的限制，学生不可能在最合适的时间和地点来重复同一项训练。

第二，即使在同一次训练中，学生想要重复某个单词、某个句子、某个内容也是不太容易的。

综上所述，学生很难对所学知识进行巩固和熟练掌握。而在网络环境下，这一问题就可以迎刃而解了。只要轻轻动一下鼠标，学生就可以重复听任何录音或者看任何资料。

(4) 能够打破传统课堂的局限。传统英语课堂是教师—教材—学生的线性模式，在这种模式下，教师是课堂的主体，而学生处于被动接受知识的地位，这就导致学生无法发挥主观能动性，也不利于素质教育所要求的学生创造力的培养。而网络教学从一定程度上打破了这一局面，形成了教师、学生、网络构成的教学内容。将教师从课堂的主体变成了课堂的指导，学习资源的渠道也从单一的教材变成了丰富多彩的网络资源。可见，网络教学可以解决传统教学中存在的一系列问题。

4. 网络教学模式的设计原则

网络教学模式的设计原则主要有认知原则、文化原则、主体性原则、交际性原则、情境性原则、系统性原则。这些原则与多媒体教学模式的设计原则基本相同，在这里不做具体分析。

三、情感教学模式

心理学上说，人类的所有活动都是在一定的情感中进行的，并且情感支配着人类的各种活动，这称之为情感体验。情感体验分为积极情感体验和消极情感体验两种。积极情感体验对个人的活动起积极的促进作用；而消极情感体验对个人活动起消极的阻碍作用。因此，在英语课堂教学中，教师应该引入情感教学模式，注意学生的情感因素，帮助学生塑造积极的情感体验。下文主要对情感教学模式的各个层面进行论述。

（一）情感教学模式的定义

对于情感教学的定义，不同的学者有不同的观点和看法，以下介绍几种观点。

一是情感教学是指运用情感的形式对教学的主导思想进行优化，即可以称为"以情优教"，它的主要内涵是在认知心理学的基础上，充分发挥教学中的情感因素来完善教学目标、改进教学程序、优化教学结果。[1]

二是情感教学是教师在教学活动的基础上，运用一定的教学方法来激发、调动甚至满足学生的情感需要，从而将认知与情感完美地统一起来，达到最佳的教学效果，从而促进学生全面、和谐地发展。[2]

三是情感教学是指在教学过程中，师生都处于积极的情感状态中，教师通过语言、行

---

[1] 卢家楣. 情感教学心理学研究 [J]. 心理科学, 2012, 35 (3): 522-529.
[2] 吴金娥. 浅析大学英语情感教学 [J]. 河北大学成人教育学院学报, 2011, 13 (2): 97-98.

为、态度等手段来调动学生的情感,从而促进教学效果最大化。[①]

虽然上述三位学者的观点存在着不一致性,但是对情感教学本质的认识却是基本相同的,那就是在尊重学生个体特征的基础上,通过采取一定的教学方法或手段来满足学生的情感需要,从而促进学生全面、系统的发展。

(二)情感教学模式的影响因素

影响情感教学的因素主要可以分为两大部分:一是学生的个人因素,如焦虑、自尊心等;二是生生之间、师生之间的因素,如移情、课堂交流等。下面重点论述一下焦虑、移情、自尊心以及课堂交流因素对于情感教学的影响。

1. 焦虑

所谓焦虑,是指当学习者的自尊心、自信心受到打击或者威胁的时候形成的一种担忧的倾向。著名心理学家埃利斯(Ellis)将焦虑分为以下三种类型。

(1)情境型焦虑,是由具体的事情激发出来的焦虑。

(2)气质型焦虑,是一种本身存在的持久性的焦虑。

(3)状态型焦虑,是在某一时刻发生的焦虑,是前两种焦虑的结合体。

在实际学习过程中,学生会产生焦虑情绪,主要是由以下原因造成的。

(1)学生的个性差异。一般情况下,这种焦虑发生在比较内向或者不自信的学生身上,这类学生不善交流,惧怕出错,因此参与课堂活动的积极性不高,并且在回答问题或者亲身实践的时候容易紧张。

(2)文化背景的差异。由于来自或边远山区的学生的语言知识与城市或者发达地区的学生可能存在较大的差距,因此来自这些地区的部分学生会觉得自卑,这就导致了因惧怕被嘲笑而产生焦虑。

(3)教学方式的差异。课堂活动选择的方式、教师在课堂中的纠错以及师生之间的交流形式也是产生焦虑的一个重要方面。

很多学者认为,焦虑在学习过程中是不可避免的,而且是导致学习效果不佳的一个重要因素。但是事实上,焦虑在学习过程中是不可缺少的。因为在学习过程中,焦虑因素的存在有时可以增强学生的紧迫感,而学生的这种紧迫感的状态可以将压力变成动力,从而激发学生的内在潜力,达到最好的学习效果。为了能够把握好焦虑的平衡性,教师需要做到以下两点。

(1)减轻学生的焦虑。教师应该正确对待学生在学习语言过程中犯的错误,然后间接地让学生明白产生错误和纠正错误的必要性;鼓励学生勇敢自信地参加课内、课外活动,

---

[①] 罗宏,张昭苑. 大学英语的情感教学[J]. 天津市经理学院学报,2010(4):78-79.

并对学生的进步予以表扬，使学生感受到进步的喜悦。

（2）让学生有适度的紧张感。教师在教学过程中可以帮助学生产生适度的紧迫感，但这并不是催促，而是激发学生的动力，让他们可以尽自己最大的努力来达成目标。

2. 移情

所谓移情，是指从其他人的角度来看待某一种行为或者意识。移情有助于构造和谐的人际关系。但值得注意的是，移情并不是要让学生放弃自己的情感，也并不是对其他人的观点绝对认可。在英语课堂教学中，师生关系是影响学习气氛的重要因素，如果二者关系疏远，那么必然就会造成一种陌生感，当然二者的交流也会受到阻碍。因此，在实际的英语课堂教学中，教师应该以平等的姿态与学生进行对话与交流，切记不要将自己的意志强加给学生，而是要尊重学生的选择和意见。

3. 自尊心

自尊心对学生有着重要的影响。所谓自尊心，是指学生对自我的认识和评价。在相同的语言环境中，由于焦虑性强且缺乏自信的学生一般不会主动回答问题，也不会积极参与各种活动，因此放弃了许多英语实践的机会，致使学习达不到令人满意的效果。这些问题的存在就需要教师针对不同学生的个性特征来设置不同的学习任务，这样才能使学生感受到自己的进步，从而增强自尊心和自信心。

4. 课堂交流

课堂是教师教学、学生学习的场所，师生关系、生生关系都是在课堂上发生的，可见课堂交流对语言学习的重要性。因此，教师应该积极与学生沟通，采用各种方式方法了解学生的实际问题和困难并帮助其解决。只有这样，学生才能增强信心，取得良好的学习效果。

（三）情感教学模式的优势

人的一切活动都离不开情感体验。在英语课堂教学过程中，积极健康的情绪有利于学生更好地理解和掌握英语，对学生提高综合运用英语的能力也有很大的影响。情感教学对于英语课堂教学具有非常重要的意义，而语言与情感态度的关系与其他学科相比更为密切。积极的情感态度在英语教学中的应用除了创设良好的互动气氛，更好地激发学生的学习兴趣，增强学生的自信心以外，还有以下几点现实意义。

1. 有利于促进学生的全面发展

传统的教学过多地强调学生认知能力的培养而忽视了他们非理性的发展，最终导致"情感空白"。所以，在英语课堂教学中，教师除了要对学生的认知能力进行培养之外，还要重视对其情感因素的培养。大学英语教学应该以培养和促进学生的全面发展为最终目标。在英语课堂教学中，教师要不断激发学生学习英语的兴趣和积极性，并逐渐将其转化为学习动机,帮助学生认清自己的优缺点,从而努力克服自己英语学习的困难,在英语学习过程中养成健康向上的品格,促进学生的全面发展。

2. 有利于提高学生的学习效果

消极的情感因素会对学生学习潜力的正常发挥产生不利的影响,而积极的情感因素却能创造出有利于学生学习英语的心理状态。布朗(Brown)通过对他人的研究成果进行总结得出了一个重要的结论:"情感因素在英语学习中具有决定性的作用,认为凡是那些不成功的学习者都是由于各种情感障碍的存在。"[1]

3. 能够帮助学生树立正确的学习态度

缺乏正确的学习态度是很多学生英语学习效果欠佳的一个重要原因。大部分学生将英语学习的目的归结为通过考试,这种现象很容易造成学生在课堂上只是被动地听课、记笔记,却很少主动地参与到课堂活动中。最后,大部分学生虽然具备了英语应用技能,但是当他们走向社会的时候却明显感觉到各方面的能力存在不足,如沟通能力较弱,不能将英语用在复杂的交际环境中。因此,在英语课堂教学中,一定要帮助学生树立正确的学习目的和态度,进而使学生摆正自己的学习状态,以适应实际交往的需要。

(四)情感教学模式的设计原则

众所周知,情感并不是课堂学习中的内容,但是它会间接影响学习的效果。因此,在实际的课堂教学活动中,教师应该根据情感教学的原则来指导教学实践活动。下面就对情感教学模式的设计原则进行介绍。

1. 移情原则

情感可以从一个人的身上转移到相关对象的身上。如果将这一原则放在具体的教学中,主要包含两个方面。一是教师的个人情感影响学生的情感,这里面的情感包含教师水平、道德品质、人格魅力等。二是文章的人物情感影响学生的情感。在贯彻这一原则的过程中,教师应该引导学生体会作者的写作情感和意图,让学生在实际的英语学习中陶冶情感。

2. 寓教于乐原则

寓教于乐原则是最核心的原则,主要是让课堂教学活动在学生快乐的情绪下进行,教师应在教学活动中预测和把握好一切变量,激发学生的学习兴趣和积极性,使学生乐于接受、乐于学习。在贯彻这一原则的过程中,教师不能将整节课都用于调节学生的情绪上,

---

[1] 鲁子问. 英语教学论(第2版)[M]. 上海:华东师范大学出版社,2010:219.

而应当把调节情绪作为课堂教学活动的一个突破口，使学生达到最佳学习状态，从而保证课堂活动正常进行。

3. 情感交融原则

情感交融原则指的是师生之间的情感，这种情感的优劣会影响学生的情感反应，和谐的师生关系有助于激发学生的学习积极性及优化教学效果。众所周知，教学活动是在教师和学生之间进行的，属于一项传递师生情感的特殊交流活动。因此，这一原则必须在课堂教学活动中得到遵循。

4. 以情施教原则

以情施教原则是最具有代表性的原则，主要是以情促知，达到情知交融。通俗来讲，就是教师在授课的时候应该运用积极的情感，使情感与知识融为一体。在贯彻这一原则的过程中，教师只有控制好自己的情感，保持积极的情感状态，才能调动学生的情感积极性。此外，这一原则也可以应用于处理实际教学内容上。

（五）情感教学模式的实施方法

在具体的英语课堂教学过程中，情感教学模式的实施方法主要表现为以下几种。

1. 加强学生认知，激发学生积极性

目前，由于英语改革正在如火如荼地进行，新的教学改革要求学生主动参与课堂活动，参与知识的构建过程，因此学生必须改变传统被动接受知识的形式，充分发挥自身的主观能动作用，使自己适应社会发展的需要。例如，对于发音不准确的学生，教师可以安排他们利用课余时间进行语音训练，帮助学生纠音；对于语法知识不熟悉的学生，可以让学生多读一些课外读物，在实际的应用中了解语法知识。

2. 帮助学生克服情感态度方面的困难

教师应该帮助学生努力克服情感态度方面的困难，主要可以从以下几个方面着手。

（1）善于发现每个学生的优点，并将其不断扩大。

（2）通过关爱、呵护每个学生来保护他们的自尊。

（3）适当降低对学生的一些要求，让他们体会成功的喜悦。

（4）帮助学生分析错误并加以指正，而不是大声训斥。

（5）多与学习困难的学生进行交流，并鼓励他们迎难而上。

（6）对于学习困难的学生的进步要有所期待。

（7）通过组建学习小组来保证学习困难学生的参与。

3. 建立良好的师生关系

建立良好的师生关系，可以使学生愿意与教师交流情感，同时教师也可以进一步了解

学生。在这一方面，教师可以从以下三个方面着手。

（1）展现教学的魅力。教师将教学的魅力展现在学生面前，有助于吸引学生的注意力，使整个教学活动充满动力和情趣，从而激发学生的学习兴趣。

（2）真诚地爱护每一个学生。教师需要拥有真诚的品质，这不仅体现在道德层面，也体现在教学层面。教师应公平、真诚地对待每一个学生，与学生进行心灵沟通，尤其是对于学困生，更应该予以关怀与鼓励，尽量少批评、少指责，要相信自己的学生。

（3）完善自身个性。教师应该具备内在的人格魅力，使自己拥有负责、真诚、宽容、热情以及幽默等优秀的品质，不断努力完善自己的个性。

第五章 高校大学英语教学的改革与创新

第一节　高校大学英语教学改革的必要性

如今，大学英语越来越受到国家和社会的广泛关注，虽然在教学过程中取得了不错的成绩，但是受一些主客观因素的影响，目前我国的大学英语教学存在着许多问题和弊端。只有对这些问题和弊端有一个清晰的认识，才能采取有针对性的措施，从而不断提高我国的大学英语教学质量。

一、大学生英语水平现状

虽然各大高校不断改善英语教学的条件、设备，学校的有关领导、教师及学生都付出了很大的努力，但是收到的效果却不尽如人意。学生的英语水平仍处于听力和口语能力欠佳的状态，这样的英语教学与学习状况根本无法实现英语教学与学习目标。

然而，对大部分非英语专业学生来说，他们学习英语的目的也仅仅是为了通过四、六级考试，考试通过之后便将英语学习放在一边，等到毕业的时候，英语水平大大下降。很多学生即使获得了大学英语四、六级证书，但是在听、说、写方面的能力却有待提高。当然，其中有一些学生一直比较重视英语学习，自步入校门开始便将大量的时间和精力投入英语学习中，但是这样的学生只注重单词、语法的记忆，最终的结果则是花费了大量的时间，但是听、说、写的能力仍旧没有得到提高，平时的努力和收到的实际效果也不匹配，这一英语学习的怪象值得人们去研究。

学生英语水平普遍不高与英语教学的方式关系密切。在课堂上，教师一直讲，学生一直闭口听、记笔记，却害怕开口、害怕提问。下课后，学生也只是背单词、背笔记、做机械性的训练。这样完全没有启发式的教学使得学生既无法提高对英语学习的兴趣，也无法提高英语学习的成绩。

二、公共英语教学存在的不足之处

目前，公共英语教学中存在着以下不足。

（一）传统的教学模式单一

在教学大纲的影响下，传统大学英语教学模式单一。教师是课堂的主导者，学生在课堂上只是扮演倾听者的身份。这种教学模式大大地降低了学生的学习兴趣和学习主动性。

由于教师过分重视英语基础知识的传授，而严重忽视英语综合应用能力的提高，导致产生了看得懂、不会听、说不出等现象。虽然，近年来英语教学者也在不断努力寻找各种新型的教学模式，但"填鸭式""灌输式"的教学模式依旧存在，而且在课堂上教师与学生之间的交流也仅仅是问与答的交流，而没有过多的深入交流，因此也就导致学生空有语言知识而不会学以致用。这样培育出来的学生不仅不能满足《大学英语教学指南》（2020版）提出的培养目标，而且只会离目标越来越远。

（二）教学方法缺乏科学性

随着社会的不断进步，社会对外语人才的需求及要求也在发生变化，这就使得学校培养外语人才的模式也在相应地改变，而教师的教学方法也要随之变化。目前，我国大多数高等院校仍旧采用黑板、粉笔、教师加课堂的教学方法。教师独占讲台，学生主要是听课、记笔记以及做练习，这种传统的教学方法主要是为了应付考试，但是并不能使学生的实际需求得到满足。

此外，现在大部分大学里的公共英语教学依然采用大班授课的方式，同时学生来自全国各个地方，而不同地区的教学水平又存在很大差异，因而学生的英语基础水平也存在很大差别，这就导致了教学出现众口难调的情况。在课堂教学中，教师很难照顾到每一个学生。即使是有条件实施小班教学的院校，大多数教师也仍旧倾向于采用传统的讲授方法。单一的授课方式降低了学生的学习兴趣，因此教学质量也不能得到有效提高。

（三）英语教材内容没有及时更新

教材作为教师传授知识的重要工具，在教学中发挥着重要作用。一般来说，教师是根据教材的编排顺序来安排课堂教学活动的，所以教材决定着教学内容和教学方向。然而，现在的部分大学英语教材内容更新缓慢，陈旧落后的教材根本跟不上时代的变化，而且与社会严重脱节，这种忽视实用性的教材直接导致了教师教学内容陈旧，进而影响了学生英语水平的提升。由此可见，设计出与我国学生学习需求和教师教学需求相匹配的教材，是目前我国大学英语教学的重中之重。

（四）教育管理没有及时落实

从教育管理方面来看，教育部门的相关领导对英语教学的改革问题进行过多次探讨，多次指示要大力推进公共英语教学改革。这些指示为大学英语教学改革提供了一定的指导和借鉴。另外，学校内部也在积极地采取相关措施不断推进英语教学改革。

但是，在这一改革的过程中，教师管得过死、教得过严、考试内容过于死板等问题仍然存在。不同的学生有着不同的学习特点和学习需求，而这样的管理体制无法满足学生的学习要求。

（五）忽视了文化教育的重要性

从世界范围的角度来说，高等教育正朝着国际化、多元化、合作化以及个性化的方向发展，因此外语教学不应该与文化教育分割开来。课程是教学的基本单元，所以也是培养学生多元文化意识以及跨文化交际能力的重要载体。

在我国的大学英语教学过程中，很多教师和学生都认为学好英语就是掌握英语词汇、语音及语法。由于部分教师在教学过程中着力于语言知识的教学，忽视了英语文化背景知识的教学，因此学生易在语言交流过程中遇到障碍。语言是交际的工具，如果不了解语言所承载的文化，就难以顺利地进行沟通，那么语言的学习就失去了意义。因此，教师在进行大学英语教学时，尽量让学生多了解一些英语国家的文化背景知识是很有必要的。

三、大学英语教学改革的新形势

下文内容以我国教学改革的新形势为依托，对大学英语教学改革提出一些最新要求，以期为之后的大学英语教学改革提供必要的理论基础。

（一）以人为本，以学生为中心

英语教学的首要任务是育人，而大学英语教学的要求也应当将人本主义放在首位。教师要时刻以学生为中心，充分发挥学生的主体作用，注重学生的全面发展，使他们具备持续学习的能力，从而为终身学习打下良好的基础。因此，当代英语教学要求学校和教师着眼于学生的全面发展。要促进学生的全面发展，仅靠帮助学生掌握英语知识是远远不够的，还需要注重培养学生的社会责任感、积极的情感、严谨的治学态度等，因为这些因素对学生的英语学习也有重要的影响。这就要求教师在实际英语教学中做到以人为本，以学生为中心，要懂得尊重学生。具体来说，主要可以从以下几个方面入手。

1. 承认学生之间的差异

首先，我们必须承认，学生是不同的个体，他们之间存在着明显的差异，每个学生都有其独特的个性。学生的类型不同，其学习特点也不尽相同。面对这些差异，教师应该为他们提供与其实际学习需求相符的学习指导，同时也为他们提供平等的学习机会。其次，教师在教学中应该具体问题具体分析，做到因材施教。例如，有的学生擅长口头表达，有的学生则擅长书面表达；男生比较倾向于阅读思考，而女生则倾向于记忆单词、掌握规则。鉴于此，一位合格的英语教师应该在实际教学中根据学生的具体类型和特点来采用不同的教学方法。

2. 充分发挥学生的主体作用

学生主体是指自主地、能动地参与教学活动的学生个体。在英语教学中，教师要尽量为每个学生创造良好的教学环境，确保每个学生都能够参与到教学活动中，让学生在教学活动中不断地培养和发展自身的自主性、能动性和创造性。

3. 营造良好的课堂氛围

营造良好的课堂氛围有赖于以下两个因素。

（1）形成和谐的师生关系。良好的课堂气氛的形成需要多方共同作用。首先，教师要热爱自己的学生，给学生创造更多平等的机会。其次，教师要坚持人本主义的思想，改变教学中重教师而轻学生的传统观念，对师生之间的关系进行重新审视和调整。在具体的教学过程中，教师还要为学生提供充足的学习空间，让不同类型、不同水平的学生都能够在学习过程中获得乐趣、成就感和满足感。当学生感受到成功时，就会对这门功课感兴趣，从而愿意去学，这必然会提高教学质量。

（2）重视情感上的交流。研究表明，教师对学生充满信心能在一定程度上影响学生学习的效果。因此，在英语课堂上，教师应该始终保持昂扬的、乐观向上的精神状态，对学生要倾注所有的热情，并用这种态度将学生的积极情感调动出来。同时，教师要对学生充满信心，多表扬与鼓励学生，提高他们英语学习的积极性与主动性。

（二）注重培养学生的综合能力

英语教学中要注重培养学生的综合能力，这也是英语教学的首要目标。在新一轮大学英语教学改革中，教育部高等学校大学外语教学指导委员会推出了新的《大学英语教学指南》（2020版）以及其他权威机构不定时举办线上或者线下大学英语教学改革示范讲座，其中对英语课程的内容和目标做了如下表述：大学英语的教学目标是培养学生的综合语言运用能力。这种能力的形成建立在语言技能、语言知识、情感素质、学习策略及文化意识等素质整合发展的基础之上。要培养学生语言的综合运用能力，教师需要注意以下两点内容。

1. 学习语言的主要目的是掌握语言技能

语言技能指的是听、说、读、写、译五个方面的基本技能及其综合运用能力。听、读是语言的输入，侧重知识的吸收；说、写是语言的输出，侧重知识的表达；翻译既有输入也有输出。学生在交际过程中通过吸收和表达知识信息，不断地提高语言综合运用能力。因此，在英语教学中，教师要引导学生通过大量的听、说、读、写、译的实践，提高学生综合运用英语的能力。可以说，在英语教学中，听、说、读、写、译代表的不仅是学习英语的目的，还表示的是种学习手段。

2. 英语学习还需必要的语言基础知识作为依托

学习必要的语言基础知识是形成能力的基础，有利于辅助英语学习。需要注意的是，学习必要的语言基础知识并不意味着把学习语言基础知识作为课堂教学的唯一目的，也就是说，绝对不能把英语课当成语言知识课来上。因为语言知识学习最终的落脚点就是实际的综合运用，只有在学习基本语言知识的基础上，辅以适当的实践训练，才能真正提高学生的综合运用能力。

（三）提高学生的认知能力

目前，英语教学正在经历由知识型教学向技能型教学转变的过程，也就是说英语教学不仅要提高学生的语言技能，也需要向学生传授相应的语言知识，还需要培养并提高学生的认知能力。

要想在英语教学中不断提高学生的认知能力，就必须选择合理的教学途径和方法。具体来说包括以下两个方面。

1. 坚持以话语为中心的教学方法

英语教学经历了词本位教学（翻译法），到句本位教学（听说法），再到话语本位教学（交际法）的发展历程。

从语言与思维的关系来看，词表达的是概念，句子表现的是判断，话语体现的是智力本质的推理活动。语言与思维应该与话语相统一。侧重翻译的本位教学法和侧重听说的句本位教学法都是脱离一定的思维活动的，采用这两种方法的教学会导致学生进行机械的无意识模仿和重复性的活动，并且无法有效地锻炼学生的智力。而在话语本位教学中，话语包含词语与语境之间的衔接连贯等因素，不仅是基本的言语交际单位，而且体现的是语言的整体性及连贯性。

此外，话语分析和篇章语言学的兴起不仅为话语本位教学提供了一定的理论基础，还为其提供了一些具体的分析方法，并且使教学活动更为科学化和系统化。因此，英语教师不仅要掌握这些理论，还要将这些理论与具体的教学实践联系起来。

2. 坚持"文道统一"的基本原则

众所周知，语言与思想是密不可分的，语言教学应当与思想教育活动统一起来，在教学过程中同时兼顾训练与思想教育两方面的内容，这就是所谓的"文道统一"。

传统的英语教学存在一定的弊端，如注重形式、轻视内容，注重技巧、轻视智能。语言是工具，但语言教育的目的是超越工具这一范畴，其宗旨是达到更高层次的教育目的。而坚持"文道统一"是实现这一教育目标的最佳手段。具体来说，教师要做到以下几点。

第一，提高自身的素养。在英语教学中存在着一条普遍的规律——"自理同构律"，也就是说，教师将希望寄托在学生的每一种素质和能力上，而教师应在教学之前具备这些素质和能力。可见，要想有效地提高学生的认知能力，教师在备课时进行"智力投资"是必备的条件，只有首先经历了情感层次的智力体验，才能将这些体验转移到学生身上，让学生置身其中。

第二，在阅读教学中，教师应该对文章的整体层次和结构有一个深入的了解和认识，然后引导学生对其中有价值的、富有文化底蕴的内容进行挖掘和探讨，使学生在语言学习的过程中也能感受到真善美，人格也在不断地升华。这样的教学方式不仅可以提高学生的认知能力，还可以提高学生的人格修养。

（四）充分利用多媒体、网络技术

与传统的大学英语教学相比，多媒体、网络教学为学生的英语学习创造了一个完全自由、自主的学习空间，其本身存在着很多优势。

一是计算机软件可以为学生提供地道的发音，生动形象地将知识内容呈现给学生，便于学生理解和记忆。

二是多媒体技术对图、文、影、像等教学资料进行了有机的统一，将枯燥的文字转换为色彩、动画，这样的方式更容易激发学生的学习兴趣，并且还可以打破时空的限制，学生不必再拘泥于课堂学习，可在任何时间、地点进行自主学习，这使学生的学习时间得以增加的同时，还可以在一定程度上激发学生的学习兴趣。

三是网络技术可以为学生提供充足的、自由的空间，让学生通过网络进行学习，同时教师也可以通过网络给学生布置任务。这可以在一定程度上减轻教师和学生的负担，有助于培养学生的自主学习能力。

因此，在教学中教师要充分利用多媒体、网络技术，最大限度地发挥多媒体、网络技术对英语教学的作用。

（五）提升学生的文化素养

语言是文化的载体，是反映民族文化的一面镜子，语言与文化具有密不可分的关系。学习英语，不仅仅是学习英语这一门语言，还要学习英语背后所蕴含的丰富文化。

经济、技术、信息的交往和商品、资本、人员的流动使世界各地的文化突破特定的地域环境和社会语境，融入全球性互动的文化网络之中。多元文化已成为文化的基本格局。在这样的时代背景下，文化素质的培养毫无疑问地成为大学英语教学的重要内容。

文化教学使学生的国际理解力和竞争力得到提升。一方面，文化教学能帮助学生用全面的眼光和角度来审视和认识本国与他国文化，从而积极有效地推进国家间的交流与合作。另一方面，文化教学还能帮助学生对本国文化产生更深刻的认识，增强他们的民族自尊心与自豪感，使其在跨文化交际中把我国优秀的传统文化在国外发扬光大，为世界文化的繁荣发展尽一份心力。

（六）评估方法向多元化发展

教学目标能否实现要依靠教学评估来检验，因此评估是大学英语教学的一个重要方面。

多年以来,大学英语教学采取单一、机械、僵化的评估方式,忽视了英语教师对自己的教学和学生对教师的教学评估,忽视了学生的自我评估和小组评估,过分夸大了评估的选拔作用而忽视了其反馈功能,不利于发展学生的合作精神,也不利于建立和谐的师生关系。

时代的进步和发展对教学评估方式提出了更高的要求,如测试中的客观题减少,主观题增加;终结性评估不再占据主导地位,增加形成性评估权重等。随着人们对教学评估改革意识的增强,依赖于网络而实现的评估方式也逐渐发展起来。这些评估方式大多具有开放性、形成性和多维性的特点。例如,允许学生多次考试,让他们看到自己的进步和成功,尊重每名学生的学习节奏、学习阶段和自我感受,让他们对学习感兴趣,而不仅仅是为了应对考试。

第二节 高校大学英语教学方法改革

现代信息技术的应用和普及尤其是多媒体技术和网络技术的结合,为外语教学提供了强大的技术支撑,而多媒体网络教学以其形象性、生动性、先进性、高效性等特点弥补了传统教学中的不足,成为现代化教学的一种重要手段而被广泛应用。

一、充分运用数字化教学资源

(一)数字化教学资源及其分类

教学资源是指那些可以提供给学习者使用,能帮助和促进他们学习的信息、技术和环境。教学资源不但在传统教学过程中占有重要的地位,在信息化教学中也是一个重要的支撑条件。数字化教学资源是指以信息技术为支撑的教学资源。

数字化教学资源包括信息、环境和技术三类资源。其中,信息资源是指各种数字化形式的、能够为教学所用的知识、资料、情报、消息等,包括图片、文本、音频、视频、网页、数据库、虚拟图书馆、教育网站、电子论坛等;环境资源指构成信息化物理空间的各种硬件设备,如计算机设备、网络设备、通信设备,以及形成网络虚拟空间的各类系统软件和应用软件;技术资源是指支持信息化教学得以顺利展开的一切技术手段。

(二)数字化教学资源的特征

与传统教学资源相比,数字化教学资源在数量、结构、分布、传播范围、类型、载体形态、内涵、控制机制、传递手段等方面都有明显的差异,呈现出很多新的特征。

1. 处理数字化

处理数字化是指将声音、文本、图形、图像、动画、视频等信息经过转换器抽样量化，由模拟信号转换成数字信号。因为数字信号的复制、传输的可靠性远比模拟信号高，所以对它的压缩、解压、纠错处理也更容易进行。

2. 存储光盘化

光盘存储信息容量大、体积小，可以实现快速查询和检索。一张 CD 光盘可存储 3 亿多个汉字，存储 A4 文本 650 000 页，容纳上千幅照片，存储 5 个小时的调频立体声和 72 分钟的全屏动态图像。目前广泛使用的 DVD 光盘存储容量是 CD 光盘的数倍。

3. 显示多媒化

利用多媒体计算机技术可以存储、传输、处理多种媒体的学习资源，如声音、文本、图形、图像、动画等。这与传统的单纯用文字或图片处理信息资源的方式相比要更加丰富多彩。

4. 传输网络化

数字信息可以通过网络实现远距离传输。学习者只要通过一台能上网的计算机，便可以获取自己需要的信息资源。

5. 教学过程智能化

教学软件的专家系统为教学过程中使用信息资源提供了实时监控、数据采集、分析和帮助等机制。它能根据学生的不同特点选择最适宜的教学内容和教学方法，并可对学生的学习特征进行有针对性的个别指导。它不仅能发现学生的错误，指出学生错误的根源，还能做出有针对性的辅导或提出学习建议。

数字化的教学资源具有数量大、类型多、多媒体、非规范、跨时间、跨地域、跨学科、多语种的特点，文本、数据、图形、声音和视频等均列其中，分布式存储成为数字化教学资源存在的主要形式。从整体上看，数字化教学资源还处于一种无序状态，信息分布和构成缺乏结构和组织，信息资源发布具有很大的自由性和随意性，质量缺乏必要的控制。面对这些问题，我们需要去粗取精，去伪存真。

（三）数字化教学资源的来源

数字化教学资源的来源途径主要有三种，分别是对现有教学资源的数字化改造、师生共同创作数字化资源和专业人员开发建设数字化资源。[1]

1. 现有教学资源的数字化改造

就目前我国存在的教学资源而言，大多数是过去教育教学实践中积淀的非数字化教学

---

[1] 张芳芳. 智慧教育背景下大学英语教学方法的创新型发展 [J]. 视界观，2020 (21)：1-2.

资源，包括印刷品、音像制品等，只有少数是近几年开发的数字化教学资源。这些非数字化教学资源的数量庞大，其中精品数量也不少，就今天而言，教学价值也是非常高的。将这些非数字化教学资源改造为数字化教学资源，不仅可以带来经济效益，还可以带来一定的社会效益；既可以充分利用有价值的教学资源，还可以节约教育经费，缓解教学资源紧张的局面。

在现有的资源中，我们可以使用数字相机、数字扫描仪等仪器将图片和文字材料转化为数字化教学资源，使其可在计算机上加工、处理和传输；对于音响材料来说，我们可以使用计算机软件、相关设备等对其进行改造，使其成为数字化教学资源。随着信息化技术的不断进步，在教学中使用更广泛的是数字化音像资源，传统的模拟设备正在被取代。

2. 师生共同创作数字化资源

随着数字化教学和数字化学习的产生，产生了一种新型教学资源，即师生共同创作的数字化资源。该类教学资源具有三种基本类型。

（1）展示型作品。一般情况下，可用来展示的作品是学生作业的电子稿，教师在教学过程中可发布部分优秀的、典型的学生电子作品，供其他学生观摩和学习。

（2）师生交流作品集。学生与教师之间的相互交流是其主要来源，交流作品包括师生之间就某一问题的交流、教师解答学生的疑难问题。

（3）教师对学生进行评价的作品集。通过教师教学评价活动，教师对学生作品进行评价并给出分数，这就是该部分资源的来源。

3. 专业人员开发建设数字化资源

数字化资源的主要来源是专业人员开发建设的资源，开发和建设过程如下。

（1）初期制作。获取所需要的素材，按照一定标准对素材进行分类，并且描述出素材的格式、类别等属性。

（2）素材集成。经初期制作后的素材，虽经过分类，但还是比较零散，没有形成完整的教学功能，这时就需要对各种素材进行处理，将其集成为完整的数学单元。对于文本、图像、声音、动画及影像等素材，创作人员可以使用多媒体集成软件对其进行集成编辑。目前，PowerPoint、Author ware、Flash 等是常用的多媒体素材集成软件。经过集成处理的素材，具有较强的教学功能，在教学实践中可直接使用。

（3）内容标引。完成后的素材，还要经过专业人员对其进行标引。标引工作包括分析资源内容、给出主题、对资源设计关键字等进行标示，为资源检索提供方便。

（4）质量检查。检查的内容包括标引的正确性，图像、声音及视频质量，文件大小、格式等。

（四）数字化教学资源的优势和不足

与传统的教学资源相比，基于计算机和网络的数字化教学资源有其独特的优势。教学资源的类型多种多样，内容繁杂。传统的教学资源需要耗费大量的时间和精力来管理；而基于计算机技术，尤其是数据库技术的数字信息资源，在分类、存储、查询、输出时都可以做到有条不紊，高效优质。教学资源管理的高效性也为资源利用带来了便利。光盘和大容量硬盘的使用，让教学资源，尤其是教学素材的运用变得更加方便。网络技术的运用克服了地域上的局限，使教学资源的传输更加便捷。运用各种软件制作的动画、视频剪辑等数字化教学资源，可以使教学中动态、直观的信息的使用量大大增加，这些动态演示在可控性方面也得到了极大的改善。但是，网络上的数字化教学资源也存在着一些问题。例如：网站地址的频繁变动，会造成信息连接不稳定，信息内容保存时间短；信息资源发布有很大的自由度和随意性，缺乏必要的质量监控和管理机制；信息检索准确度不高等。

（五）数字化教学资源库的建设

1. 数字化教学资源存储的基本要求

在获取了大量的教学资源之后，就需要对其进行分类存储。教学资源的存储必须满足存得上、找得到、读得出、信得过、用得起五方面的要求。

第一，存得上，就是要具备完备的资源收集提取策略；第二，找得到，要求对资源有科学的描述，为资源的提取提供方便；第三，读得出，对找到的数字资源能够方便地将资源还原呈现出来；第四，信得过，让资源的托管者、资源的管理者和资源的使用者都确认系统是可信的；第五，用得起，教师在选择资源、建设系统时，应该考虑到学校的经济实力，即必须保证能用得起这个系统。资源使用成本包括系统建设成本和运行维护成本。一般情况下，运行维护成本远远高于系统建设成本，它是影响系统能否持续运行的关键因素。

2. 数字化教学资源库开发的原则

在建设和开发数字化教学资源库时，需要遵循以下原则。

（1）教学性原则。数字化教学资源库的建立不仅要满足教与学的需求，还要有助于解决各种问题，包括教学重点、难点、关键内容等问题。在安排学习进度、呈现教学信息的时候，不可忽视教与学的规律，应对其进行充分的考虑。

（2）科学性原则。数字化教学资源作为传授学科知识的教学资源，所反映的内容必须正确，目标必须明确。

（3）开放性原则。对于教师和学生来说，数字化资源是教学素材，资源库中应该尽可能包含教师和学生参与制作的作品。

（4）通用性原则。当今最新的数字技术和资源设计思想在数字化资源中都有所体现。在一定的技术标准规范下，数字化教学资源应满足不同教学情境和形式的学习要求。

（5）层次性原则。应对数字化教学资源进行分块管理，以便学习者自主选择需要的资源，满足不同层次的学习者的需求，将数字化教学资源的潜能最大限度地发挥出来。

（6）经济性原则。在开发数字化教学资源时，我们应充分考虑自身的经济条件，尽量得到投入少、质量高的教学资源。除此之外，还要加大力度改造现有的数字化资源，减少重复建设造成的浪费。

3. 数字化教学资源管理的模式

我们应该加大教学资源库的管理力度，避免教学资源流失、损毁等情况的发生，以更好地满足学习者的需求。教学资源具有的相关属性包括资源名称、编号、学科、专业、适用对象、关键字、存放位置等，为了更加方便地使用教学资源，应该建立相应的教学资源管理系统，将各属性分别记录在系统数据库中，在使用时可自动生成树形目录索引。目前，教育资源库不断发展，它已经成为具有多种建设模式和服务目标的资源库。

（1）文件目录管理。文件目录管理是所有资源管理方式中最简单、最原始的方式。服务器上有不同的目录，将不同的资源储存在不同的目录中，借助计算机操作系统对目录进行共享，对教学资源进行管理和操作。文件目录管理储存模式的特点是：资源管理更加直观、简单，远程访问速度快，资源文件可以通过网络协议 HTTP 或 FTP 直接下载到本地网络。但是，使用这种方法下载的资源不太安全，容易受到病毒的攻击，并且容易被其他人盗用和破坏。目前，许多自发组织的学校资源共享基本上都是以这种方式存储的，当资源累积到一定规模时，由于检索工具的缺乏，对资源进行使用和管理将变得更加烦琐。

（2）专题资源网站。相比文件目录管理方式，专题资源网站的资源建设方式针对性更强。专题资源网站有两种类型，一是主题学习资源库，二是虚拟社区资源库。主题学习资源库主要提供各种探究活动和学习资源，建立谈论组，以及拥有丰富的资源和空间，以便学生对某一主题进行研究性学习，如学习空间知识、克隆等。虚拟社区存储库对资源进行了划分，每个讨论组中包含的内容不同。用户在获取资源的同时可将自己拥有的资源与别人共享。每个板块相对独立，有专门的负责人。负责人需要对板块中的发言进行定期的整理和归类，将零散、无序的内容变得有条理性和系统性，同时可以将精华资源推荐给其他用户。

（3）学科资源网站。学科资源网站的建立基础是原始资源库。每个网站以主题的方式将与本学科有关的所有资源呈现出来，并将相关的检索方式提供给用户。把网站按照学科进行分类之后，对于调动学科教师的积极性具有促进作用，还能调动骨干教师参与资源库建设的积极性。如果有新的资源添加到原始资源库中，学科网站就会对其进行分类，将其归到所属学科网站中，并且将更新后的信息显示在学科网站的主页上。这样一来，可以在很短的时间内将网站的框架搭建起来，为学科教育积累资源。网站建成后，学科教师既可以搜索门户网站上的资源，又可以更为精细地检索原始资源库中的资源，以此获得大量的原始资源，然后再以教学需求为依据重新组合这些资源。这类网站资源根据各学科的特点，与该学科的科学研究相结合，充分体现了不同学科教与学的需求。网站内不仅含有题库、教案库、课件库、素材库，还含有多种具有学科特点的特色栏目和热点专题。比如，语文的作品赏析、读写天地，地理的旅游专题，生物的垃圾分类、环保专题，历史的文化遗址、历史古迹等。

二、充分运用现代化英语教学方法

现代化教学方法能够增大课堂信息容量，提高授课效率。课堂教学中引入多媒体课件，可以增加课堂信息量，大幅度降低教师的劳动强度，提高课堂效率。计算机多媒体技术的发展为教学提供了强大的技术支持，教师可以运用计算机事先准备好授课内容，制作汇集大量文本、图形、图像、视频、音频资料的课件，从而充分利用课堂时间。多媒体课件包含的信息量大，以其信息和数据表达的多样性调动学生多种感觉器官参与学习，更增强了学习的趣味性，从而提高授课效率，相比于传统教学而言，在同样的时间里可以呈现更多的信息。

现代化教学方法有利于文化导入，提高学生文化修养。要培养学生的交际能力，就要在进行语言教学的同时进行有目的的文化导入，提高学生的综合文化素养，而多媒体教学手段使文化知识的引入更加全面和便利。在传统的授课模式中，教师很难在不借助任何辅助工具的情况下，将与文章相关的文化背景知识全面地传递给学生，但是通过多媒体这一容纳大量信息的科技手段，教师可以充分利用多媒体网络信息资源为学生提供视觉、听觉的新感受，为学生了解英语国家的历史、文化及社会知识提供新途径。教师可以围绕学习主题组织播放各类英语电影或贴近时代气息、反映英美人现实生活的介绍片等音像材料来了解英语国家的政治、经济、史地、文学及当代社会概况。通过设置真实、自然的语言交际情境，灵活选用适当的训练方法，鼓励学生进行口头或笔头的言语实践活动，启发学生按照英语国家的交际规范进行沟通。同时，教师可以在课前给学生布置关于文化背景知识的内容作为预习作业，让学生自己通过网络找寻相关的文化信息，并且制作成 PPT 课件在课堂上展示。这样，学生不仅在课堂上接受了更多的文化导入，课后也进行了自主学习，从单一知识灌输的对象转变成积极主动的学习者，很好地发挥了主观能动性，对于提高文化修养大有益处。

三、充分整合传统教学方法与现代化教学方法

随着现代科学技术的发展，多媒体教学受到越来越多的重视和应用。现代教学方法正

在不断压缩传统教学方法的影响力。虽然传统的教学方法在课堂上传授的知识量有限，授课形式较为单一，趣味性不强，但是传统教学方法在大学英语教学中表现出的优势对提高整个大学英语教学水平无疑是有积极促进作用的。因此，针对传统教学方法和多媒体教学手段各自的特点，教师在教学过程中应对两种教学方法加以整合，以提高大学英语教学的质量。

传统教学手段通过面对面的口授，在加强师生之间的互动、调动学生积极思考、通过教师的肢体语言传达给学生直观感受等方面发挥着巨大作用。

现代教学方法极大地提高了教学效率，从根本上改善了大学英语教学的环境，可以极大地丰富传统的教学方法，二者互相补充、扬长避短就可实现教学方法的优化整合，为英语教学提供新思路，从根本上解决传统教育中存在的问题。

无论是传统教学方法还是多媒体教学手段都应注重师生之间的互动交流，在沟通中帮助学生掌握知识、培养能力。在多媒体介入的教学过程中，教师有时会用多媒体屏幕代替黑板板书，用现成的软件和网络下载的内容代替教案，固定在一个屏幕前控制着鼠标播放课件或多媒体资料，而减少了与学生直接交流的机会。在这种情况下，教师可以把抽象、单调的学习内容转化成有趣、形象、生动、视听性强的网络课件，通过灵活利用课堂的教授方式，加强师生间的互动沟通。比如：讲解关键语言点或遇到学生易犯的错误时，教师可以通过板书形式，采用边写边读边解释的传统教学方法，突出重点，帮助学生加深印象；或者在条件允许的情况下，可以以课堂提问、小组讨论、让学生上台试讲某个知识点的方式加强师生互动，促进学生对知识的理解和掌握。教师通过课堂互动给予学生的思维启发，对教学的重点把握、难点释疑是多媒体无法替代的，因此在教学中要将传统教学方法与多媒体所拥有的生动性、丰富性有机结合，从而更高效地提高教学质量。

在教学中，教师应该在帮助学生掌握知识的基础上灵活掌握教学进度，正确运用多媒体进行教学。教师不能在课堂上因花过多时间突出重点、讲透难点而影响了教学效果。事实上多媒体辅助教学作为一种现代化的教学手段，是用来提高课堂教学效率、突破重难点的，也是用来解决一些传统教学中不易解决的问题。无论是传统教学还是多媒体教学，都需要通过学生的课堂反应来了解学生对课堂知识的掌握程度，并且进行必要的重复和举例分析。教师应该正确运用多媒体教学手段，用生动又易于理解的方式完成对知识难点的讲解，这样既帮助了学生理解、掌握知识点，又提高了课堂学习效率。

多媒体教学作为重要的现代化教学方法在大学英语教学中已受到了重视并得到了较为广泛的应用。但是过分夸大计算机辅助教学的功能，以计算机来完全代替传统教学方法是不现实的。在教学中要根据教学目标、教学内容以及教学对象的特点，有针对性地设计和选取教学方法，将多媒体教学手段与传统的教学方法有机结合，实现优势互补，才能提高大学英语的教学效果和质量，为我国的社会发展和经济建设输送高素质的外语人才。

第三节　高校大学英语教学模式创新

一、体验式大学英语教学模式

21世纪以来，中国高等教育研究的一个热点问题就是大学英语的教学改革。这种改革以后的"体验式"语言教学理论，就是在实践中不断尝试和摸索出来的，是一种跨学科教学理念。在中国现阶段的英语教学中，"体验式"语言教学理论作为一种新的教学理念，逐步获得了社会的认可。

（一）体验与语言能力的关系

1. 体验和语言能力之间的关系

英国哲学家大卫·休谟（David Hume）的经验主义是体验的哲学基础。休谟认为人类的感知经验是获得印象的基础，而印象则是构成思想的基础，人类的每一个思想的产生都是因为有感知经验作为基础，才会有思想方式的产生。休谟的这一哲学观，否认了逻辑推理是获得知识的唯一手段的科学理性主义。由此可知，除科学理性主义以外，获得和发展人类高级知识和思想还有人类的基本生活经验和人性体验。

从休谟的观点，我们不难感知到，体验和语言之间有着密切的联系。这种联系可以反映不同的方面，所以说语言在本质上是一种需要人类经验才能获得的知识和技能。体验反映了人类参与语言活动的过程，不参与人类语言活动就不可能获得语言，因此没有语言体验就没有语言的发生。

尽管体验和语言的关系密切，但是语言学界在对待体验与语言的关系时，仍会有不少争论，语言学家各自有不同的观点，研究的侧重点也不一样。因此，我们有必要在理论上首先明确体验和语言能力之间的关系是什么？语言体验在本质上意味着什么？

以乔姆斯基（Chomsky）为代表的生成语言学理论认为，语言能力是和语言使用对立的一个概念，这种能力主要是指人类大脑特殊的生物机制。在乔姆斯基看来，语言能力并不是因为有了语言使用才产生的。这是一种和语言使用相对立而存在的能力。因为，语言使用仅仅能够起触发作用。在乔姆斯基的这种语言观理论中，体验仅仅触发了大脑语言习得机制，并触发了提供日后语言使用的条件，所以体验在生成语法理论中不是一个重要的理论构件。但乔姆斯基的生成语言学理论在当时遭到了许多语言学家的批评。

20世纪70年代美国语言学家戴尔·海姆斯（Dell Hymes）主要批评以乔姆斯基为代表的生成语言学理论。海姆斯认为，除语法以外，有一些关于如何使用语言的知识也存在于人类的深层次语言知识中，它们和乔姆斯基所说的语言能力共同构成了交际能力。

海姆斯主张的交际能力和乔姆斯基的语言能力最大的不同之处就在于前者把语言知识和语言使用结合了起来，强调了语言与人类经验和社会之间的关系。对这种关系的理解是建立在一个基本的假设之上，也就是说，某些语言知识虽然好像人类天生就有（如乔姆斯基的语法知识），但是某些语言使用方面的知识似乎也是人类天生就有的。

加拿大学者卡纳尔（Canale）和斯温（Swain）在20世纪70年代受政府委托对语言的交际能力开展了系统的研究，他们通过大量调查，明确提出了交际能力是一种涵盖了以下四个方面知识的综合能力：语法知识、话语结构知识、社会文化知识、交际策略知识。

卡纳尔和斯温对交际能力的解释，强调了语言使用不仅要符合语法，还需要在语篇、社会文化和表达方式上"得体"。

经众多语言学专家的分析，可以初步得出人类的语言能力不仅是一种知识，还是一种使用技巧，这是20世纪70年代语言学家在研究语言能力时发现的。因为这些知识和技巧有层次、级别等不同的差异，所以在具体的语言使用过程中，语言能力可以从知识和技巧两个维度来划分。也就是说，语言能力是语言知识和语言技巧在具体使用中的总和。对于这一总和的语言能力，学者们共同给起了一个名词，叫"语言技能"。这也就是说，语言学家们普遍认为，研究语言的使用能力必须使用"语言技能"的概念。

斯特恩（Stern）认为，语言技能是知识、技巧和行为三者的统一。他指出，语言技能的观点扩大了对语言能力的认识，语言技能的第一层次是语言知识和交际知识。这一层次和第三层次的语言运用之间并没有直接的关系，也就是说，如果人们在语言知识中，无论是语法知识，还是交际知识，都和使用不直接发生关系，知识不等于运用知识、解决交际问题的实际能力。第一层次和第三层次在实践中都必须通过第二层次的技巧才能建立联系。

根据上述理论框架，我们可以得到有关语言体验的基本条件。

第一，由于语言/交际知识和语言使用这两个方面在整个过程中是不直接发生关系的，因此语言能力必须经过听、说、读、写、译的语言活动得以体现，这是语言体验的必备条件。

第二，语言的使用在实际的交际过程中必须是交际性质的，而且在使用过程中这一交际任务必须带有明确的交际目的，同时这种语言的使用还要具备社会文化、语境和参与者身份等交际要素，这是语言体验的充分条件。

综上所述，我们充分地了解了语言体验的理论框架，所谓"语言体验"就是指语言使用者要能够运用语言/交际知识,运用听、说、读、写、译技巧,在翻译过程中要能够恰当地完成现实社会中的交际任务,在完成这个任务的过程中,语言/交际知识和听、说、读、写、译同时也得到了调整。这个过程是一种互动的关系,但往往出现的情况是,语言使用者往往是在语言的使用中体验到了语言能力的发挥,而在发挥语言能力的过程中又获得了体验语言的机会。

2. 体验和语言能力发展之间的关系

乔姆斯基的生成语言学认为,人类不必太依靠外界的帮助,靠自己大脑中的生物机制就可以获得语言能力。它的这一理论认为,在体验和语言能力发展之间,在实际反应中与语言能力密切相关的另一个问题是语言能力是如何发展的。他认为在人类大脑中存储的语言资源远远胜过外部所能提供的资源,针对这一点,其最有力的证据就是人类能理解从没有听到过的句子,也能够说出从没有说出过的句子。而且人类还自有一套纠正语言错误的机能。

其实,早在乔姆斯基之前,这种语言学的理论就已经在学术界普遍流行了,众多学者普遍认为外语学习是基于一种语言习惯而形成的,因此熟能生巧,养成一种正确的语言习惯是促进外语发展的关键。因此,在这样的理念下,通过对比研究能够发现,在学习中寻找母语和目标语之间的结构差异,无疑就成为研究外语发展的突破口。莱杜(Lado)曾著有《跨文化语言学》一书,书中指出,乔姆斯基把外语学习的难点归咎于两种语言之间的差异,并且把这种差异划分出大小。差异小的地方,语言学习容易,差异大的地方,语言学习就困难。语言迁移和语言对比就成为外语教学研究的主要方向。

因此,通过上述的实验研究不难看出,外语教学要保证学习者在学习过程中接触到正确的语言形式,然后进行强化训练,以养成正确的语言习惯。但是,通过二语习得研究很快发现,各种不同的语言之间的差异不是导致学习困难或容易的主要因素。之所以这么说,是因为各类学习者有着相似的学习顺序,而且对于这种顺序,他们似乎都遵循同样的次序习得语言要素,与迁移关系并不大。

针对这一情况,与这一研究相关的试验人员将学习者这种介于目标语和母语之间的"过渡性"语言称作"中介语"。对于这种"中介语"的概念,自其被提出以来,对它的研究几乎成了"二语习得研究"的同义词。关于中介语,在研究中有一个最基本的假设就是学习者要按自己的规律发展第二语言,外语或二语的发展就体现在中介语的调整和进步上。通过细说这个假设,再加上对实验的分析,我们不难看出它是明显带有乔姆斯基的普遍语法的影子。也正是在此基础上,二语习得才得以开始创立自己的理论。

其实,在学术界,针对这一现象的最有名的理论就是美国语言学者克拉申(Krashen)提出的输入假设。这种假设理论认为,学习者主要依赖可理解性输入,通过这样的输入方式来发展语言能力,与此同时,还有一些概念与这一假设息息相关,如相关的另一对概念是习得和学得，前者指一种类似于儿童获得母语的过程，这种获得知识的方式能够在不知不觉中获得语言知识，后者指有意识地学习一种语言知识。在这一理论中，前者获得的语言能力是持久的，可以体现在语言使用中，后者获得的语言知识仅仅在学习者的语言输出时起监督作用。此外，我们还应该观察到，输出对语言习得没有作用，仅仅是可以导致更多的可理解性输入。

除此之外，对语言能力的发展有一项十分有影响的研究是吉汶（Givon）的"两个交际模式"。吉汶认为，人类交际活动有两种不同的交际模式，一种是语用模式，另一种是句法模式。如果没有特殊情况，儿童和语言学习者在学习过程中，一般是先发展语用模式，在这种模式得到发展后，句法模式才得以发展，它的发展往往落后于语用模式。

在各种不同的交际模式中，介语的调整还需要有可理解性输出。对于这一理论，有学者认为，可理解性输出有多个作用，如迫使学习者注意自己语言系统中的缺失与缺陷；可以引起对元语言的思考；可能导致学习者进行语言假设验证；可能导致学习者对自己的句法结构进行调整操作。

同时，可以对可理解性做出这样的解释，我们可以这样看待，也就是指能够被交际对象理解的语言输出，语言输出者能够感受到语言活动所产生的交际效果，这种交际效果无疑为语言输出者提供了实践上的一种反馈，成为语言知识/交际知识进一步调整的基础。

除此之外，中介语的调整不仅具有普遍性，还具有特殊性。针对这一观点，有学者指出，中介语具有语域局限性的调整功能，也就是说，在一个语域发生的调整结果不一定会转移到另一个语域中去，而这一点是通过研究可以证实的。我们可以就这一观点，举一个实例进行说明。譬如，学习者在谈论自己熟悉的法学专业时所获得的语言能力不会全部自动转移到另一个话题，如计算机领域。这意味着学习者在谈论计算机技术时必须再次在体验的过程中对中介语进行调整。

不仅如此，在调整中介语的过程中，其自身的语域局限性还说明了学习者不可能在一个语域内完成中介语的调整，因此第三层次的任务内容和任务目标必须具备丰富性和多样性。只有这样的丰富性与多样性才能保证学习者接触到各种内容和交际目标，从而在实践当中练习到多种语言功能，体验到多种交际角色，处理过多种话语篇章模式等。同时，伴随这些多样性和丰富性的还有语境的真实性。

从这个模式中，可以看出第一层次表示学习者正在发展的中介语知识，分别包括语言知识和交际知识。同时，第三层次表示学习者在二语环境中所面临的交际要求，包括交际内容、目的、语域，以及交际者的角色等语境要素（包括社会文化规则）。此外，第二层次指学习者利用语用模式超前发展的优势，运用听、说、读、写、译中某一种或多种具体的语言技巧将第一层次和第三层次相连接。在整个过程中，第一层次和第三层次的这种连接是一个逐渐协商的过程。纵观整个交流的过程，学习者面对来自第三层次的交际压力，并且能够依据该层次的交际语境（包括社会文化规则）来处理交际任务，根据处理的过程来体验交际效果，从而产生"协商调整"，这种调整的直接结果，对于学习者最直接的影响就是促使学习者提高第二层次的能力，从而改善语言使用的技巧。

（二）体验式教学的理论探索

1. 从哲学角度看体验式教学

1984年美国心理学家、教育家大卫·库伯（David Kolb）教授提出了体验学习，这种学习也被称为体验式学习，作为一种学习方式，这种理论在梳理了杜威（Dewey）、勒温（Lewin）、皮亚杰（Piaget）等人的教育思想后，又吸收了哲学、心理学、生理学的最新研究成果，出版了一部关于体验学习的专著，该书从哲学角度来看待体验式学习，它的出版奠定了体验学习的理论基础。

体验学习与行为主义学习理论有很大的不同，在学习理念上，不同于行为主义学习理论的原因是行为主义学习理论是建立在经验认识论基础之上的，这种理论体现在英语学习上最典型的特点就是反复操练。体验学习是以双重知识论（理性主义和经验主义）为基础的学习，经验主义者认为人类知识起源于感觉，并以感觉的领会为理解知识的基础。理性主义者主张唯有理性推理而非经验观察才能提供最确实的理论知识体系。由此不难看出，无论是从理论还是从实践入手，理性主义和经验主义间的矛盾焦点是围绕知识和如何获得知识展开的，矛盾的双方是可以调节的，也就是说，二者可以有机统一，即理性主义者并不否认经验是知识的来源，经验主义者也承认理性知识比经验知识更为可靠。

体验学习作为一种实践活动，它有内在的理论支撑，这种实践活动是体验主体的身心与外部世界产生交往并生成反思的认识与实践活动。体验是对自身存在的反思，对认识论的反思，这种体验不是洛克式的"内省"，也不是黑格尔式理念的自我关照，而是一种走出来的视角，也就是对自身存在及其过程的透视和评价。由此可见，体验优于一般观察之处主要体现在这是一种具有对人自身的存在及整个生活世界的巨大穿透力。

2. 从语言学角度看体验式教学

在实践当中，英语学习和其他技能学习一样，都是学习者通过体验获得相关知识的神经认知过程。对于这一过程，体验式学习理论认为，学习者通过体验外部世界与自身经验互动，从而获得知识，并通过对知识的验证获得新经验。所以学习的中心必须放在学习者身上，放在学习者的内化过程上。与此同时，当今认知心理学的研究同样也标志着学习和知识的研究从以外部世界为中心的哲学理念转移到以人为本的哲学倾向。

其共同特征有以下几点。

一是实用性。也就是说，体验式学习理论的研究者将学习理念成功地与专业培训、职业培训和成人终生教育结合起来，并取得了成功。

二是团队协作。这主要是指专业、职业培训中的团队协作是对具体工作中团队协作的模拟，在这方面，体验式学习做得尤为突出。在这一环境中，所有学习者充分利用各自的经验、技术等优势，凭借集体智慧共同完成任务、克服困难和迎接挑战。在整个团队协作中，他们相互交流，取长补短，丰富个人经验和知识。

三是以学习者为中心。学习就是一种体验过程，就是在实际体验中通过不断验证来积累经验知识的过程。可以说，在这样的学习过程中，无论是职业培训还是人生体验，它们的主角一直都是团队协作中的体验者。换句话说，学习过程中，知识的获得和经验的积累都是学习者所为，这种体验理论和建构理论的相同点就在于都强调学习是学习者的行为。

四是社会语境。这里所指的社会语境是指交际和体验具体进行时所处的社会语境。建构主义认为学习者个体构建语义的过程就可以看作学习过程，人们在这一过程中通过学习能够认识外部世界，构建有关外部世界的经验知识，并在具体的社会文化背景中通过语言进行人际交流。人类经验、思维包括文化的体验式理论，实际上这涵盖了社会语境这一范畴。比如，所谓的体验，实际上就是学习者在一定的社会文化背景下，借助人际交流，在相关专业的具体语境中实施的、同时能够利用的必要的学习资料。

五是内化过程。这种内化过程主要指神经认知过程。体验式学习研究者关注体验和经验的关系，相比学习的结果，它们更重视学习的步骤。这种学习的步骤具体到循环的三阶段包括：①观察周边环境，即通过和外部世界的互动来体验（经历）世界；②获得知识并形成经验；③在观察和经验的基础上做出判断。

3. 从教育学角度看体验式教学

以体验为基础的语言学习的研究重点，可以从多个角度进行考量，从教育学视角来看，主要是从人类最基本的感知语言的方式进行考量，它主要利用了体验和语言之间所具有的密切的联系，所以教育语言学重点关注能引起学习者语言量变和质变的"体验"过程。

另外，从本质上来说，语言是一种需要人类经验才能获得的知识和技能。而这种体验式的技能恰恰能够反映出人类参与语言活动的过程。我们甚至可以说在体验过程中，语言感知体验导致语言印象的产生，从而构成了人类的经验性反思，通过这种反思，人们逐渐构建语言知识和发展语言能力。

20世纪70年代，针对上述观点，许多语言学家在研究语言能力时发现，人类的语言能力不仅是一种知识，还是一种使用技巧。如果仔细看待这些知识和技巧，能够发现它们有层次、级别的差异。具体的语言使用知识和技巧两个维度，语言知识和语言技巧在具体使用中的总和就是语言能力。这种能力也叫语言技能。

通过分析体验语言不难看出，它们的实质就是语言/交际知识和语言技能，二者在解决实际交际问题时的组合过程就是他们的本质。语言能力发展过程以语言体验为基础，学习者使用听、说、读、写、译来解决交际问题的过程。在学习过程中，协商调整的产生，一个发生在技巧和交际任务之间，另一个发生在技巧和语言/交际知识之间。

二、高校自主学习模式与教学模式

（一）英语自主学习模式

1. 麦考姆斯的自主学习模型

麦考姆斯（McCombs）是自主学习的现象学派代表人物之一。在其论文《自主学习和学业成绩：一种现象学的观点》一文中，提出了自主学习模型，如图5-1所示，对自我系统的结构成分和过程成分在自主学习中的作用进行了描述。麦考姆斯认为，在自我系统的结构成分中，关于自身能力的自我概念、自我、自我价值居于非常重要的地位。这三种成分对个体在自主学习情境下的认知、情感、动机和行为都起着定向和控制作用，在自我系统的过程成分中，目标设置、自我监控、自我判断、自我评价、自我强化等过程起着重要作用，其中尤以自我评价的作用最为显著。个体的自我评价影响个体在具体学习情境下的能力判断、任务评估、目标设置、结果预期、自我监控及自我强化等过程。

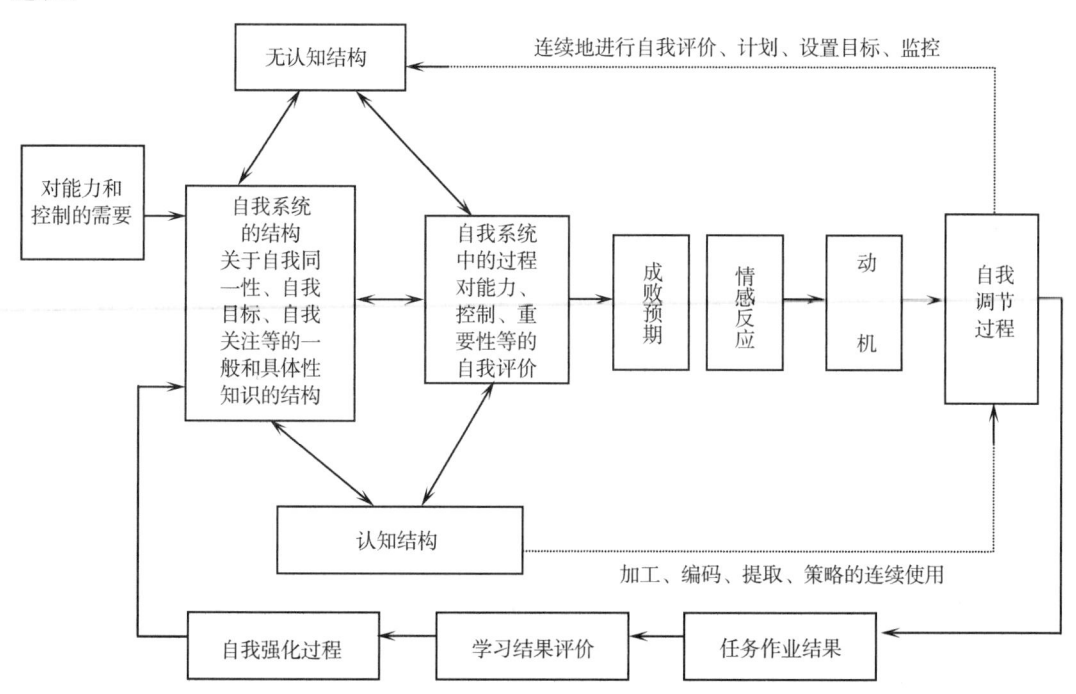

图 5-1　麦考姆斯的自主学习模型

麦考姆斯指出，自主学习过程大致经过以下三个阶段。

（1）目标设置。此阶段，学生不仅需要有设置目标的能力，而且必须知道什么样的目标对自己更重要，自己是否具有实现目标的能力。因此，又涉及对自身能力的判断、对学习结果的预期、对自身责任的限定等过程。

（2）计划和策略选择。此阶段，学生需要根据既定的目标制订学习计划，选择相应的策略。因此，元认知知识、制订有效的计划和策略筛选的能力极为关键。

（3）行为执行和评价。此阶段，学生需要控制自己的注意力，监控学习的进展，控制自己的情绪，调节行为与目标之间的偏差，评价学习结果，因此需要学生有较强的自我监控和自我评价能力。

在麦考姆斯看来，自主学习是自我系统发展的结果，它取决于自我概念、自我意象等具有动机作用的自我成分和自我监控、自我评价等过程的发展水平。要促进学生的自主学习，一方面要帮助学生对自身能力有积极的认识；另一方面要针对具体的自我过程进行系统训练。

2. 温内和巴特勒的自主学习模型

20 世纪 90 年代以后，温内（Winne）和巴特勒（Butler）提出了一个更为详尽的自主学习模型，从信息加工角度来阐释自主学习的内在机制。巴特勒等学者认为，一个完整的自主学习过程应该包括四个阶段，即任务界定阶段、目标设置和计划阶段、策略执行阶段及元认知调节阶段。

在任务界定阶段，学习者利用已有的知识、信念对学习任务的特征和要求进行解释，明确学习任务是什么、完成这一任务有哪些有利条件和不利条件。影响这一过程的因素主要有四类，分别为领域内知识、任务知识、策略知识和动机性信念。

领域内知识的广度和深度会直接影响个体对任务难易的判断。面对学习任务，如果个体认为自己属于这一领域的"专家"，就会把学习任务解释为简单、容易；如果判定自己是这一领域的"新手"，就会把学习任务解释为困难、不易解决。任务知识同时影响学生对学习任务表征的解释，充足的任务知识能够使学生对任务特征、标准、目标做出与教师或课本要求相一致的判断；缺乏任务知识往往导致学生不能清晰地把握任务的特征，做出偏离目标要求的判断。策略知识在任务界定中起着更为重要的作用，如果学生判定自己有充足而有效的策略来完成该学习任务，学习的动机将会大大增强；反之，就有可能做出放弃任务的决定。在涉及自主学习的动机性信念中，自我效能感对任务界定也有显著作用，因为它影响个体对学习任务难易的判断以及相应的目标定向。

在目标设置和计划阶段，个体的主要任务是根据自己的标准和对学习任务的界定来构建学习目标、制订学习计划、选择学习策略。在这一过程中，学生的自我效能感、目标定向、元认知水平起着极为重要的作用。自我效能感影响目标的设置水平，一般来说，自我效能感高的学生设置的学习目标要高于自我效能感低的学生设置的目标。目标定向决定学生设置的目标类型。学生所选择的与学习任务相关的目标主要有两类：一是掌握性目标，旨在理解和掌握学习内容；二是表现性目标，旨在向他人展示自己的能力。一般来说，注重掌握目标的学生更讲究学习策略的应用。元认知水平不仅影响学生目标设置的适宜程度，而且对学习策略的选择、学习时间的安排、学习资源的利用等都具有重要的决定作用。

学习目标和计划确立之后，学生就要根据既定的学习目标和学习策略执行学习任务。在这一阶段，元认知监视和控制的作用最为突出。元认知监视主要观察学习进展与目标的一致程度，为元认知控制提供依据；元认知控制主要是根据元认知监视的结果对学习策略进行适时调整，有时也涉及对学习目标和计划的调整。学生在策略的执行过程中往往会出现一些问题，如畏于策略应用需付出的努力而缺乏策略使用的动机，在策略与任务之间形成错误匹配等。这时，元认知控制的作用就显得更为重要。

利用学习策略对学习任务进行加工，最后生成学习结果，学习就进入了元认知调节阶段。温内和巴特勒认为，学习结果既有心理性的（认知的或情感的），也有行为性的。心理性的结果直接受元认知监控。元认知监控接受来自目标和当前学习情况的信息，基于对这两种信息的比较，对学习的结果做出评估；然后把评估结果反馈到知识和信念、设置目标、选用策略等过程或成分，依此来指导下一轮的学习。而行为性的结果借助外部反馈返回到认知系统中，最后进入监控过程。根据内部和外部反馈的信息，学生可能会重新解释任务成分，调整学习目标，选择学习策略；有时甚至会生成新的学习程序，最终获得与任务标准和要求相匹配的学习结果。

为了说明自主学习的过程机制，温内还对自主学习者的学习过程进行了描述。他认为，在开始学习时，自主学习者会为自己设置拓展知识技能和维持学习动机的目标；他们知道自己了解什么，相信自己能做到什么，以及这两者之间的差异对于自己选择合适任务的含义。他们能够调节自己的学习动机，意识到自己的情绪状态，并计划在开始学习任务时处理二者之间的关系。他们也会精心考虑使用哪些具体的策略和一般任务来实施策略，并且预先估计这些策略对于实现目标可能发挥的功效。

随着学习任务的逐步展开，自主学习者一般会把注意力集中在以下几个方面。

（1）检索和提取属于任务领域的信息。

（2）监控任务的进展程度，确定学习计划与目标之间的偏差。

（3）可以通过哪些方式成功地实现子目标和远期目标，并据此更改自己的策略性计划。

（4）修正领域内的知识和改变对自我能力的认识。

如果在这一过程中遇到困难，可能采取以下几种调整措施。

（1）调整乃至放弃初始的目标。

(2) 对鼓励自己坚持学习的理由进行重估。

(3) 在更改学习目标和理由时调整好自己的情绪。

如果通过监控发现这些调整导致进步缓慢、困难变多，自主学习者可能会采用原来的策略，或者坚持采用自己调整后的措施；他们可能试图创设新的方法来克服困难；如果理由充分，他们可能放弃学习任务。

3. 齐莫曼的自主学习模型

齐莫曼（Zimmerman）是美国最著名的自主学习研究者之一，也是自主学习社会认知学派的代表人物。1989 年，他在吸收班杜拉（Bandura）的个人、行为、环境交互决定论思想以及自我调节思想的基础上，提出了自己的自主学习模型。1998 年和 2000 年又对该模型进一步做了补充和说明。如表 5-1 所示。

表 5-1　自主学习的研究框架

科学的问题	心理维度	任务条件	自主实质	自主过程
1. 为什么学	动机	选择参与	内在的或自我激发的	自我目标、自我效能、价值观、归因等
2. 如何学	方法	选择方法	有计划的或自动化的	策略的使用等
3. 何时学	时间	控制时限	定时而有效	时间计划和管理
4. 学什么	学习结果	控制学习结果	对学习结果的自我监控、意识	自我判断、行为控制、意志等
5. 在哪里学	环境	控制物质条件	对物质环境的敏感	选择、组织学习环境和随机应变
6. 与谁一起学	社会性	控制社会条件	对社会环境的敏感	选择榜样、寻求帮助和随机应变

齐莫曼认为，与一般性的学习一样，自主学习也要涉及自我、行为、环境三者之间的相互作用。自主学习者不仅要对自己的学习过程做出主动控制和调节，而且要基于外部反馈对学习的外在表现和学习环境做出主动监控和调节。在自主学习的过程中，个体要不断地监控和调整自己的认知和情感状态，观察和运用各种策略调整自己的学习行为，营造和利用学习环境中的物质和社会资源。在计划阶段，主要涉及任务分析和自我动机两个过程。任务分析过程又包含两个子过程，一是目标设置，二是策略计划。前者指确定具体的、预期性的学习结果，后者指为完成学习目标而选择合适的学习策略。自我动机来源于对学习的信念，如关于自己有能力学习的自我效能感和个人对学习结果的预期等。学习的自我动机还来自内在的兴趣和学习目标定向等成分。内在兴趣指的是学生看重完成任务所需技能的价值；学习目标定向指的是个体看重掌握知识技能本身的价值。自我动机是内在动机性力量，对学习过程具有启动作用。行为或意志控制阶段，主要包含自我控制和自我观察过程。自我控制过程帮助学习者将精力集中在学习任务上，它又包括自我指导、使用心理表象、集中注意力、运用任务策略等过程。自我观察指的是对学习行为的某些具体方

面、条件和进展的跟踪。准确、及时、全面的自我记录是自主学习者常用的自我观察手段。当自我观察不能对学习方向的偏离提供确切的说明时，个体还要启动自我实验过程，即通过系统变换学习的过程、策略、条件等以求达到最终的学习目标。

自我反思阶段主要涉及两个过程：自我判断和自我反应。自我判断又包含自我评价和归因分析两个过程。前者是指对学习结果是否与预期的目标一致以及学习结果的重要性的评判；后者是指对造成既定学习结果的原因进行分析，如学习成绩较差是因为能力有限还是因为努力程度不够造成等。自我反应主要有两种形式，一是自我满意，这是基于对自己学习结果的积极评价而做出的反应，自主学习的学生把获得自我满意感看得比获得物质奖励更为重要；二是适应性或防御性反应，适应性反应是在学习失败后调整学习形式以期在后继的学习中获得成功，防御性反应是为了避免学习失败而积极地应对后继的学习任务。

齐莫曼指出，"专家型"学生与"新手型"学生的自主学习过程存在明显的差异。新手型学生不能做出高质量的学习计划，他们对学习采取的是反应性的自我调节。也就是说，他们不能设置具体的目标，不能进行系统的自我监控；他们倾向于与他人的学习水平进行比较来评判自己的学习效果。由于他人的学习也在不断进步，他人的行为表现就代表了一个不断提升的成功标准，使新手型学生难以超越。而且这类采用比较性自我评价的学生，倾向于把自己的学习不足归因于能力缺失，进而产生低自我满意感和防御性反应。相比之下，专家型学生的自我调节水平较高。他们具有强烈的自我动机，为自己设置从过程到结果的层级目标。他们采用有效的策略来计划自己的学习活动和付出的精力，对学习的效果进行自我监控。他们根据自己的目标而不是学习过程来对学习做出自我评价，他们做出策略归因而不是能力归因。这使得他们在学习进步时有更多的自我满意感，更愿意付出努力取得更大的进步。这些自我反应又会促使他们有所作为，在齐莫曼看来，尽管自主学习包含着复杂的结构和过程，但是自我效能、目标设置、策略的选择和使用、自我观察、自我评价等成分或过程似乎更为重要，也更容易操纵。因此，培养学生的自主学习能力，应该首先从这些方面着手。

从以上自主学习模型可知，培养学生的自主学习能力应涉及如下几个方面。

（1）对学习的内在动机性因素的干预。自主学习的动机一般是内在的、自我激发的，而对这种动机具有催化作用的因素很多，包括自我效能感、学习的价值意识、学习兴趣、归因倾向、合适的目标定向等。自我效能感指个体相信自己有能力较好地完成某种学习任务，是自信心在某些学习活动中的具体体现。研究表明，具有高自我效能感的学生为自己确定的学习目标较高，更愿意通过独立学习实现自己的预定目标，证实自己的学习能力。学习的价值意识指个体认为学习的结果对自己有一定价值或意义，较少使用精加工、组织、计划等策略。学习兴趣的重要性不言而喻。兴趣越高，愿望就越强，且有助于学习策略的应用。归因倾向对自主学习的影响为：如果个体把学习成功归因于能力，把失败归因于努力不够，就更易激发自主学习的动力；如果个体把自己的成功归因于外部不可控因素，把失败归因于自身能力不足，就会影响其学习的主动性。合适的目标定向也很重要。一般来说，以掌握知识、发展技能为目的的掌握性目标定向对自主学习的推动作用更大；以展示自己能力、超越别人、获取他人赞许为目的的表现性目标定向对自主学习的推动作用相对小些。要想激发学生内在的学习动机，必须综合考虑上述动机性因素，并视学生的具体情况有选择地进行干预。

（2）教给学生充足的认知策略。认知策略是个体对外部信息的加工方法，它是一种特殊形式的智慧技能，在学习和思维过程中的作用极为重要。认知策略主要包含三大类：一是记忆策略，用于记忆事实性的知识，包括复述、聚类、利用表象、记忆术等策略；二是精加工策略，用于深入理解学习材料，包括释义、做小结、创设类比、做概括性的笔记、提问等策略；三是组织策略，也用于深入理解学习材料，包括选择要点、列提纲、组织观点等。认知策略的习得包含两个层次，一是获得关于各种认知策略的知识，二是熟练地运用认知策略。认知策略的学习关键在于能应用和迁移。在认知策略的教学上，可确立三类子目标：一是让学生掌握大量认知策略知识；二是让学生掌握关于何时、何地及为什么使用认知策略的条件性知识；三是激发学生运用策略的动机，训练学生正确运用认知策略。令人担忧的是，在目前的基础教育中，与一般的知识和技能教学相比，认知策略教学还处于相对薄弱的地位。因此，为培养学生的自主学习能力，应把认知策略作为首要目标或将其与其他知识、技能以同等的地位来看待。

（3）促进学生的元认知发展。元认知指关于认知过程的知识、信念及对这些过程的监视和控制。可分为元认知知识和元认知过程两个方面，前者指关于自我、任务、策略等方面的知识或信念，如关于智力的信念、对任务难度的评价、对完成任务最佳策略的判断等；后者指对认知过程的计划、监控和调节，如时间管理、策略选择等。元认知是自主学习的重要过程或成分，培养学生的自主学习能力必须注意促进学生的元认知发展。可把元认知训练任务分解为两个层面：丰富学生的元认知知识、训练学生的元认知过程。元认知知识是静态的，对自主学习影响不大，而关于自身能力的信念对自主学习具有直接推动作用。因此，应把训练学生的元认知过程作为培养学生自主学习能力的一项重要任务。具体做法如下。

第一，训练学习的计划过程。可分为目标设置、策略选择、时间规划等子过程。自己设置目标是自主学习者所具有的一个重要特征。一般来说，自主学习的学生更倾向于设置具体的、近期的、富有挑战性而又可完成的学习目标，帮助低学习动机的学生学会设置这类目标有助于增强他们的自主学习动机。因此，应把教会学生设置合适的学习目标作为一项重要的教学目标。策略选择过程指根据已经确定的学习目标选择能保证学习目标得以完成的学习策略。策略选择需要个体知道策略适用的具体条件，并能根据条件变化灵活地变换学习策略。时间规划指对学习的时间做出安排并为学习安排最佳时间，保证学习按期、及时、有效地完成。教会学生有效管理和安排学习时间也是自主学习教学中的重要目标。

第二，训练学习的自我监控和调节过程。该过程指观察和监视学习的进展情况和方向，使之不偏离既定的学习目标。自我监控的有效手段是自我记录，即及时、准确、经常地对学习进展情况做记录，自我调节是根据自我监控的结果调整学习进度或者把偏离目标的学习过程纳入正常的学习轨道上，它又涉及自我反馈、自我纠正等过程。

第三，训练学习的自我评价过程。自我评价包括自我总结、自我评估、自我归因、自我强化等子过程。自我总结是对学习结果进行系统、全面的概括，使所学的知识系统化、精练化；自我评估是把学习结果与既定的学习目标相比较，确定哪些目标已经完成，哪些目标尚未实现，进而对自己学习效果的优劣做出评判的过程；自我归因指根据自我评估的结果对学习成功或失败的原因进行反思，为后继学习提供经验或教训。自我强化是根据自我评估和自我归因的结果对自己做出奖励或惩罚的过程，它对后继学习往往具有动机作用。

第四，训练学习的意志控制过程。意志控制是一种自主学习品质。维持学习持续进行的力量是意志。意志控制对学习过程具有维持作用。正是有了较强的意志控制力，自主学习的学生才能顽强地克服学习过程中的困难，排除外界干扰，实现自己的目标。因此，加强对学生的意志磨炼对培养学生的自主学习能力十分必要。

（4）培养学生主动营造或利用有利于学习的社会和物质环境的能力。积极利用学习的社会环境的主要形式是主动寻求学业帮助。在自主学习的过程中，个体总会遇到这样或那样难以解决的学习问题，这就要求个体主动寻求他人帮助以克服自身的学习困难。因此，个体知道何时、何地、如何主动寻求他人的帮助也是具有自主学习能力的表现。因而，学业求助能力应纳入自主学习能力培养的目标体系中。学生主动选择或营造舒适、安静的学习环境，掌握从图书馆或其他途径查阅所需资料的方法，也是具有自主学习能力的表现，因此在教学中也应将其作为一个辅助性目标。

（二）英语自主学习的教学模式

1. T-S 教学模式

自主学习中 T-S（teacher－student）教师对学生的教学模式又称为指导教学模式。在该模式下，教师在课堂上的主导地位向指导地位转变，教师编辑和设置场景，让学生主动参与，而教师则在活动进行中对学生的参与情况进行指导、点评和总结。这种教学模式由传统课堂上的以传授和灌输为主的教学模式转变为以讨论、交流、探究和体验为主的教学模式，课堂上的主要任务在于培养学生对语言的应用和创造能力以及解决问题的能力。

（1）正确认识教师的地位是 T-S 教学模式的基本前提。建构主义认为，知识的获得本质上是由个体建构的，而非他人传授的，而且这种建构产生于社会互动之中。英语教学的主要任务应该是培养学生的自主学习能力和语言运用能力。这就要求在教学中必须以学生为中心，把课堂变为交际活动的场所。教师应从传统的主导地位向指导地位转变，同时教师还要更多地考虑在教学过程中如何给学生创造机会，培养和发展学生自主学习的能力。在设计课堂教学任务时，应尽可能考虑学生的兴趣和爱好，通过平等参与课堂活动，充分调动学生的参与积极性，从而增加学生对自主学习的兴趣，有效地把学生自主学习能力和英语教学活动结合起来。

（2）提高学生自主学习意识是 T-S 教学模式的出发点。大学英语不是以进行大量的单词、句法的操练、听写和语法练习为目的，而是注重听说能力、阅读能力和写作能力的培养。因此，大学英语教师应当让学生明白：在大学里，仅仅满足于掌握教师所教的内容，完成课内作业是远远不够的，应该养成自学的好习惯。在课后，以多于课堂学习几倍的时间去自学，调整好自己的角色，充分认识到自己才是学习的主人，自己管好自己的学习。

（3）培养学生的自主学习能力是 T-S 教学模式的关键。俗话说："授人以鱼，不如授人以渔。"达尔文曾说过"最有价值的知识是关于方法的知识"。教师的作用不在于他灌输给学生的知识量的多少，而在于教授给学生获取知识的方法。因此，作为大学英语教师，必须尽快提高自己的综合素质，加强责任心，才能胜任学生自主学习中的角色，指导好学生的自主学习。首先，指导学生确立学习目标。在采用新模式教学之前，教师可以通过让学生了解《大学英语课程教学要求》开始，明白大学学习期间听、说、读、写、译等能力所要达到的要求，做到心中有数。同时要求学生根据自己的学习情况，找准自己学习上的薄弱环节，确定自己的学习目标，制订出学习计划，从而明确自己的短期学习目标，针对自己的薄弱环节。其次，指导学生运用适当的学习方法。教师要引导学生做好学习管理，组织学生讨论学习策略和具体的学习方法与技巧，让学生理解自主学习对其大学学习甚至终身学习的重要性。作为大学生，每个人都会在英语学习上受个性、学习经历、环境、文化背景等因素影响而形成一套相对稳定的方法，学生可以自主决定学习方法和学习进度，自行检验学习效果，自行评估学习行为。但有时候，学生自己选择的学习方法并非都是科学的，所以教师应指导学生运用更加合理的学习方法。

（4）端正学习动机与培养自信心是 T-S 教学模式的保障。学习动机是影响第二语言学习和外语学习效果的主要因素之一。学生的学习动机，是直接推动学生学习活动的内部动因。动机水平高、自信心强、焦虑程度低、情感障碍少，学习效果就好；反之，学习效果就差。动机也是影响学习策略选择的一个重要因素。教师要为学生创造和谐并充满个性化的语言学习环境，使课堂语言学习充满乐趣，进而培养学生的学习兴趣，树立学习目标和学习信心。首先，教师应真诚地对待每一个学生，尊重他们的个性。对每一个学生都充满信任和希望，给予学生表扬，引导学生将学业上的进步归功于他们所付出的努力。这种态度会对学生产生巨大的积极的心理影响。其次，教师要正确评估学生的能力，给学生布置难度适宜的任务，让学生体会到经过努力耕耘后获得成功的喜悦，这种成就感对培养学生的动机和自信心将起到很大的作用，会激励学生取得更大的成功。

（5）有效采取启发式教学是 T-S 教学模式的本质。启发式教学是相对于注入式教学而言的。注入式教学，是指以教师为主体的灌输式教学，学生只是被动的接收者；而启发式教学则是以学生为主体，最大限度地调动学生的积极性、主动性、创造性，使学生不断地增强分析问题和解决问题的能力。例如，笔者在讲授《新未来大学英语综合教程2》第4单元 *Impressions Matter* Episode 1 时采取了如下教学步骤：①让学生讨论怎样才能让人们对某个地方留下深刻印象；②借助多媒体和教学课件向学生展示国内外的热门打卡景点，这些中外景点宣传视频是如何吸引游客的，并让他们比较中西方的文化差异；③为了调动全体学生的积极性，笔者播放了国内某个热门景点需要招聘导游的视频，然后把全班分为若干小组，每组包括一名中国导游和数名不同年龄的外国游客，导游通过视频或图片向游客介绍景点，游客对导游进行提问，教师在整个过程中充当顾问的角色；④最后全班同学通过手机 App 匿名投票选出优秀导游和优秀游客并对其进行平时成绩奖励；⑤笔者就本次活动进行了点评和总结。这类课堂活动充分展示了教师由传统的主导地位向指导地位的转变，从知识传授者和课堂主宰者转变为自主学习环境的提供者（编剧和导演）、课堂活动的协调者和组织者（顾问和主持）。课堂教学从传统的单边活动变为双边、多边活动，而学生变成了学习活动的真正主人。通过平等参与和学生的主角效应，充分调动了学生的参与积极性，增加了学生自主学习的兴趣，并获得了足够的空间发挥他们的自主性。

2. S-S 教学模式

自主学习中 S-S（student－student）学生对学生的教学模式又称为协作学习模式，即教师把全班学生分成几个协作学习小组，在一定的激励机制下，给学生分派任务，使小组学生为完成共同的学习任务而相互支持、相互合作。例如，在讲授《新未来大学英语综合教程2》第 2 单元 *Gig Economy* 时，教师可以让每一个协作小组设置大学生创业场景，然后由组员讨论启动创业项目前需要做的事情，如市场调查、目标客户、项目前景等。整个活动过程中要保证每个成员积极参与，体现每个协作小组的团队精神。在 S-S 教学模式中学生不再单纯地依赖教师，而是与小组其他成员一起交流、协商、合作，共同解决问题，而交流、协商和合作都是促进学习者自主学习的重要因素。

（1）协作学习小组的分配原则。由于每个大学英语教学班人数不等，英语水平参差不齐，因此教师在进行协作学习小组分配的时候要充分考虑学生的具体情况，可以采取同寝室成员优先的原则。同时，也要注意优等生和中等生的混合搭配，保证中等生能从优等生那里获得更好的语言输入，而优等生也可得到更多输出练习的机会。在这种混合能力小组里能充分发挥优等生的带头作用，在互相感染启发中，组员的集体归属感与荣誉感也能得到加强。

（2）协作学习小组有共同的学习目标和学习任务。协作学习小组强调全组成员共同协作和采取共同成功的方法，只有全组成员都达到了教学目的才算达成目标，因此小组成员必须合作互助，共同努力。在 S-S 教学模式中着重强调总体成绩，以各个小组在达成目标过程中的总体成绩为奖励依据。这种奖励机制可以把个人之间的竞争转化为小组之间的竞争，从而使学生在各自的小组活动中尽己所能，最终取得最优的结果。

（3）协作学习小组的学习任务的分配。教师在设置协作学习小组的学习任务时，可以实施任务型教学，即教师依据课程的总体目标并结合教学内容创造性地设计贴近学生实际的教学活动，吸引和组织他们积极参与。学生通过思考、调查、讨论、交流和合作等方式，学习和使用英语，完成学习任务。教师应根据学习内容设计各种任务，如交谈、演讲或辩论，让学生通过完成这项任务进行学习，学会用英语做事，发展学生综合运用英语的能力。教师在进行任务分配的同时不仅要考虑话题的趣味性、课文相关性，还要顾及任务的类型与步骤是否有助于提高语言的输入和输出。因此，教师布置小组讨论任务时，可以要求每组根据获取的信息做口头或书面汇报。通过明确的目标导向推动学生参与，增加讨论中的信息交流量，从而为协作学习小组中的成员获得更多的语言素材提供机会。

（4）注重平时成绩在教学中的作用。在 S-S 教学模式中，教师对学生英语课程的评估不能只限于最后一次期末考试的评估，应加大平时成绩评估的比重，如学生的课堂活动参与度及效果评定、课外项目的参与度评定、课堂陈述评定、口语汇报评定、教师对学生学习过程的观察记录等。为了有效调动学生的学习积极性，平时成绩评估可占课程总评的 30%～40%。

3. PBL 模式

基于问题的学习（problem-based learning，PBL）是美国一位神经病学教授于 1969 年首创的以问题解决为中心的教学方法，最初主要应用于当时的医学教育领域，后来逐渐被其他院校所采用，目前这种教学方法早已跨越国界，在不同国家的教育领域得到广泛应用。对于这种教学方法的认识，可以从其教学目标上进行考察。PBL 的目标包括：建构广泛而灵活的知识基础；发展有效解决问题的技能；发展终身学习的技能；成为有效的合作者和内在的自我促进者。PBL 的学习目标为：帮助学生发展高层次的思维技能和灵活的知识基础，最终将学生发展成为主动的学习者。由此，有学者将 PBL 概括为："是一种课程又是一种学习方式。"鉴于此，笔者认为可以从教与学两个方面来理解 PBL，即从课程的角度来看，它是通过提出问题，让学习者在解决问题的过程中获取相关知识的课程类型；从学习方式的角度来看，它是通过学习者采用小组协商合作、自主学习等形式来获取知识的一种学习方式。

(1) PBL 设计和实施的注意事项。PBL 的设计和实施是两个相互联系的过程，它们平衡了学生的需求、课程和特定的学习情境中的学习标准之间的关系。PBL 的设计和实施都以学生的需要和这种学习情境的特殊性为基础。在 PBL 的设计和实施过程中，应注意以下四个方面。

第一，让学生认识到他们是问题情境中的"真实"角色。首先，教师要让学生进入问题情境并成为问题情境中的"真实"角色。教师要赋予他们自行解决问题的权力，同时也让他们承担解决问题的责任。这样就能充分调动他们的主动性，培养他们的责任感。

第二，把学生置于结构不良的问题情境中。PBL 强调问题情境的真实性，并且把问题情境作为学习组织中心。有学者指出，"PBL 使用学生在实践中可能面临的情境作为学习的起点，这是一种以学习者为中心的方法"。PBL 认为传统讲授式教学并不缺乏应试意义上的问题，但那却是脱离真实情境的。

PBL 中的问题是存在于真实情境中的、结构不良的。在传统教学中，教师应经常以现实中的问题来帮助学生加强对某一现象或概念的理解。但由于传统教学是以教学内容为中心的，这些问题在整个教学过程中所起到的作用是辅助性的，问题本身也是良构的。在限定的条件中寻找到预先设定好的答案，良构性的问题对于学生习得某种特定的解题方法、步骤是有帮助的，但同时也限制了学生对于真实问题的思考和把握。我们知道，真实世界中的问题通常是多变的、劣构的，它要求解决者不仅要拥有解决问题的基本知识，还要具备批判性的思维能力、应变能力以及发现和使用适当学习资源的能力，而后者是很难在传统的解决良构性的问题训练中得到培养和提高的，这也正是学生在面对现实问题时，无法实现知识迁移的主要原因。

第三，PBL 是学生和教师双方共同的事。在 PBL 中，学生一直为解决问题而努力，他们不断地思考、分析，力求发现问题的关键所在，不断地加深对问题的理解，努力寻找多种解决办法。通过这样的学习，最后成为一个会自我指导的、会学习的学生。在解决问题的过程中，教师不是放手不管，让学生自己去学，而是学生的同伴，和学生一起解决问题，同时适当地激发学生的兴趣，鼓励学生提问，并适时地从认知上给学生以指导。

第四，评估伴随整个学习过程。尽管对 PBL 学习的每一步都要进行评估，但是所有评估的根本目的都是鼓励学生围绕问题进行思考。在思考过程中，学生能获得知识、应用知识并掌握技能。PBL 对学生的评估指标应该是他们对问题的理解深度，而不是对问题答案的复制情况。并且，评估结构指标应该是多方面的（如收集信息、完成任务、参与情感与态度、成果展示……），这一点可以从其教学目标上进行考察。

(2) PBL 的教学流程。PBL 中设置和安排的教学活动都有一个共同的目标，那就是让学生成为积极主动的、能自主学习的学生。教师往往会精心构思一些问题情境，让学生在其中为解决问题而积极主动地学习。教学活动各个环节的顺序都不是不可改变的。学生可以根据自己的情况调整顺序，也可以学完后面的某些环节后再重复前面的一些环节。

第一，创设情境，呈现问题。教师在了解了课程内容和教学标准后，通过查阅一些课程资料、报纸杂志或者与同事讨论的方式为学生选择适当的问题。选择问题时，教师也会兼顾学生的性格特征和需求，思考以什么样的方式呈现问题才能较好地吸引学生。问题情境往往都很有趣。在问题情境中，学生可以和正在探索未知的人一起交流、探索，也可以和身处逆境的人一起感受生活的艰难，分享人生体验。

第二，划分学习小组。教师有时会依据学生的认知水平和学生的兴趣爱好来划分小组。通常是在发放多个可供选择的问题之后，由学生根据自己对问题的兴趣爱好自由地组成小组，有的学者称这种分组方法为"基于问题的分组"，而分组方法中又有同质分组和异质分组之分。所谓同质分组是指把学习风格、认知水平相近或相同的学生编成一个小组；所谓异质分组是指把学习风格、认知水平相差比较大的学生编成一个小组。这里应该尽量让学生自愿组合，创设较为自由、舒适的合作氛围。

第三，分析问题。该环节主要是让学生对问题情境有一个深刻的理解（让学生先弄清楚对需要解决的问题他们已经知道些什么，还需要去学习些什么，以及他们对该问题的看法）。当向小组呈现初始问题后，学生首先会激活头脑中与此问题相关的已有知识，并根据已有知识经验来建构解释这个问题的"理论"，并尝试建立起他们已有的知识与问题中所描述的现象之间的桥梁。于是，合作便开始了。在此分析过程中，他们将对问题有一个较为全面的认识，因此能很快知道怎样对各种信息资料进行分类，怎样给组员分配任务。

第四，收集和共享资源。一个小组一般是由三个人或五个人组成的，大家共同讨论解决现有的问题，对此他们还需要收集相关资料、学习相关知识。当所有的资料都收集好以后，拆散现有小组，然后组与组之间交换组员，组成新的小组。这样他们就可以在新的小组内共享信息。

第五，选择并陈述解决问题的方案。学生一旦选择出解决问题的最佳方案，他们就需要为大家解释选择将其作为最佳解决方案的缘由。学生可能会用概念地图、图表、演示文稿、音像、多媒体等形式，给大家展示他们的思考过程和选择此最佳解决方案的方法。具体选择哪种方式，由学生根据自己的需要和自己在问题情境中的角色来确定。

第六，反思。学生共同回顾、讨论解决问题的过程中，他们哪些地方做得好、哪些地方做得不够好，以后在解决该类问题的过程中怎样扬长避短。同时，也会讨论在解决问题的过程中遗留下来的问题。这些从认知和元认知的角度进行的反思和讨论，对提高学生的思维能力很有帮助。

综上所述，在 PBL 的教学流程中穿插着两条重要线索：一是解决问题的过程，即分析问题、形成假设、检验假设和修改假设；二是围绕问题解决活动而进行的更丰富的求知探索活动，即学习要点的形成，以及由此引发的信息收集、处理和加工，最终对新知识进行意义建构。

第六章　高校大学英语课程评价

课程评价通常包括两个层面的评价：一是宏观层面的课程评价，也称外部评价。外部评价是针对教育项目进行的全面、综合性的检查，旨在通过评价判断所在学校的教学质量或验收课程，同时也有助于制定宏观的教育规划和教育政策。参与评价工作的成员皆为评价方面的专家。此类教学评价包括国家级的教学评估，或者是省级教学评估；二是微观层面的教学评价，也称内部评价。内部评价主要集中在课堂，参与评价的人员为教师和学生，例如每学期期末对每门课程进行的教学评价，有教师评学、学生评教、同行互评等，旨在通过评价完善课程设计，提高教学质量，使师生受益。①本章的讨论围绕第二种评价，即微观的课程评价展开论述，主要内容包括课程评价的内容、课程评价的类型及课程评价的方法。

第一节 高校大学英语课程评价的内容

课程评价是整个教学项目中的一个必要环节，它有助于教师提高制定教学目标、安排教学内容、使用教学方法、选择教材的技巧，从而提高学生的学习效率和教师的教学质量。有学者指出，课程评价应该主要关注和回答以下几个问题：①课程是否实现了它提出的教学目标？②课程实施过程中，课堂教学情况如何？③课程涉及的各方，如教师、教管行政人员、学生、家长、用人单位对课程是否满意？④课程设计人员和教学人员的工作做得如何？⑤本课程与其他此类课程相比有没有优势？

课程评价需要聚焦语言教学项目的各个具体方面。例如：①课程设计，旨在评价教学项目设计和组织的质量；②教学大纲，评价教学内容的相关性和趣味性、难易度、测试方式的有效性等；③课堂教学过程，评价教学实施的适宜性；④教学材料，评价该教材在帮助学生学习方面所起的作用；⑤教师，评价他们的教学理念和教学方法；⑥教师培训，评价教师培训是否卓有成效；⑦学生，评价他们的学习效果和课堂参与情况；⑧监控学生的进步，对学生的学习情况进行形成性评价；⑨学习动机，教师引导学生实现教学目标的效果；⑩学校，评价提供的行政支持、资源的使用情况、交流途径；⑪学习环境，评价是否为学生提供教育需求的相应环境；⑫教师发展，评价学校是否为教师提供了继续发展的机会；⑬制定决策，评价校长、教师及其他人员是否做出了有利于学生的决策。

在语言教学项目中，课程评价关系到语言教学项目中的教学对象——学生和课程质量这两个方面：第一个方面是评价学生的语言学习情况。其评价的内容是，学生学得如何？或者学生学到了什么？评价聚焦学生的学习结果。评价的方法是通过入学考试、摸底考

---

①田文燕，欧蕴灵．成果导向理念下大学英语评价模式的研究［J］．山西能源学院学报，2019（2）：55-57．

试、期中和期末考试以及结业考试等测试形式进行。第二个方面是评价课程。其评价的内容是，本课程在帮助学生学习方面是否取得了预期效果？评价聚焦某一门课程的质量。语言教学项目的质量涉及需求分析、课程目标、教学内容、教学方法、教材使用和测试方法等方面的评价。学习评价和课程评价是相互关联的。当评价学生的学习情况时，需要看他们是否学到了课程内容；当评价一门课程的效果时，需要对照课程设计了解是否达到了设定的目标，而目标又是否为针对学生的学习需求而制定的。

一、学习评价的内容

学习评价是通过测试、课堂表现、作业等手段检测学生的学习效果或判断学生的学习状况。学习评价有两种形式：形成性评价和终结性评价。形成性评价发生在课程进行的过程中，能够及时提供有关学生学习情况的信息，例如学生学到了什么？还需要做哪些努力？课程能否满足学生的需求？教师通过了解这些信息以便在课程实施的过程中不断做出决策；终结性评价在课程结束的时候进行，能够提供学生总体学习成绩的信息，以及课程整体效果的信息，从而判断学习效果和教学的有效性。评价学生的学习和评价课程之间存在平行关系，评价一个方面必将涉及另一个方面。

高等院校的评价体系也包括形成性评价和终结性评价两个部分。两种类型的评价内容和评价方式与中小学类似。大学英语四、六级统考和英语专业四、八级统考是终结性评价的标志性测试。

学习评价的基本目的是评价学生达到课程教学目标的程度。这说明教学目标是评价学生学习的标准，评价活动应该针对教学目标提出的有关语言知识和语言能力的要求对学生进行评判。学习评价的目的除了评价所学，更是"以评促学"。英国的评价改革小组认为"以评促学"是一个通过搜集和解释证据，以便让教师判断学生的学习现状、努力方向和目标达成的效果，同时也是一个让学生明白个人的学习目标、学习现状和努力方向的过程。

评价学生学习，需要注意以下几个方面。

一是评价学生学习的主体。学校、教师和学生是评价学生学习的主体。一般情况下，学校和教师决定评价什么、为何评价、如何评价、何时评价等问题。但是，在以学生为中心的课程模式中，除了教师，学生也需要参与评价。学生需要评价自己取得的进步，也需要评价课程的各个方面，如教材、教学活动和学习安排等。学生的自我评价是对教师评价的重要补充，同时，自我评价也是激发批判性思维、客观认识自己的能力以及掌握有效的学习策略的重要手段。

二是评价的内容。课程的教学内容通过总体目标和教学目标表现出来。例如，听说课程的教学目标之一是能够在真实的语境中与人交谈，那么评价的内容就涉及学生在真实的语境中的口语交际能力。可以说，教学目标是什么就评价什么，主要看学习结果是否达到了教学目标。当然，教学目标与教学内容和教学大纲紧密相关，同时，它也为制定评价标准奠定了重要的基础。

三是评价学生学习的目的。根据贝利（Bailey）的观点，在课程设计中，评价学生语言学习和语言能力的主要目的有：①了解学生的语言水平，例如使用大学英语四、六级考试，英语专业四、八级考试，雅思考试等水平考试。通过水平考试，教师能够发现学生运用语言的能力，如听说读写各项技能。此外，水平考试的评价是参照评价标准进行的，即学生的语言水平符合评价标准中的某个级别就给予某个等级或分数。例如，雅思考试有9个级别，分别有具体标准的描述。②诊断学生的语言能力，找到学习需求。此类测试旨在发现学生是否具备语言知识和语言能力。而语言知识和语言能力源于教学内容和教学目标。例如，写作课的教学目标是使学生学会写英语商务信函，那么诊断性评价就涉及给他们布置一项英语商务信函写作任务。通过比较学生的写作与英语国家人士的写作，可以发现学生写作能力的不足。③评价学生取得的进步。此类评价旨在发现学生从课程中学到了什么。例如，学生在学期初期有过一次诊断性测试。然后，在学期中期或期末再进行一次类似的测试。如果第二次测试的水平高于第一次测试的水平，就说明学习取得了进步。否则，还需继续努力。评价学习是否进步有一个原则，即评价必须以教学内容为依据。只有对教师已讲授的内容进行测试，才能了解学生是否通过学习掌握了新知识，或者获得了以前不具备的能力。④评价学习效果或结果，如期末成绩或课程结业考试。这是终结性评价的一种形式，旨在发现学生是否掌握了课程中传授的知识和技能。[①]评价学习结果还可以将平时表现，如课堂参与、小组活动、个人作业、线上任务的完成情况考虑进来。有时结业考试使用的是统一标准试卷，如英语专业四级试卷，那么课程内容就会受到试卷要求的影响。

四是评价学生学习的方法。评价学生的学习可以采用多种方法，如线上考试、纸笔测试、口语测试、问卷、课堂观察、笔头任务、读书报告、同伴互评等。在实际工作中，常用的评价方式包括出勤记录、课堂参与、口语测试、纸笔测试、综合练习、课外作业、课程论文以及期末考试等。学生的总成绩通常是期末考试成绩和其他几类考核情况按一定的比例合成。还有的课程不采用测试的方式，而是考查的方式。此类评价通常由学期/课程论文的成绩和平时成绩按一定的比例合成。

五是评价学生学习的时间。这个问题的答案比较灵活，依照具体情况而定。教师可以根据课程的时间、长度、单元结构等特点选择合适的时间开展评价，也可以根据需要，以

[①] 潘丽. 多元智能理论下大学英语教学评价体系的构建研究[J]. 今天，2021（19）：1-3.

适当的频率进行评价。在实际工作中，常用的评价时间为期中考试和期末考试。也有的教师每个单元进行一次小型测试，如听写测试、听力测试、语法测试、词汇测试、阅读测试、写作测试等单项语言技能测试。期中考试和期末考试则是综合性的语言测试。

六是对于学习评价结果的利用。水平考试结果有助于选择和修改教材，使之适合学生的语言水平，同时又具有一定的挑战性。诊断测试的结果可用于了解学习需求，并在此基础上设立适合学习需求的总体目标和教学目标、设计大纲、选择或编写教材。期中和期末考试是评价学生取得进步和评价学习效果的考试。考试结果有助于帮助教师掌握学生学到的知识以及课程是否取得了效果等信息。如果考试结果不理想，教师则应该调整教学目标或重新设计和组织教学大纲。

二、课程评价的内容

相对学习评价而言，课程评价的含义更为宽泛，它包括学习评价、教学评价以及对课程诸多方面的评价。这些评价结果有助于教师对课程进行调整或修改，以便更有效地达到教学目标。或者说，通过课程评价结果发现存在的问题，并采取措施改进。因此，课程评价不仅仅意味着获得信息和了解情况，它还是一个决策的过程。

课程评价有形成性评价和终结性评价两种形式。形成性评价是在教学过程中获得学生对课程的定期反馈，能够了解学生的情感需求和学习需求，以及他们对教学活动、教学方法、课程的进度、教材的难易度等方面的意见。针对这些意见调整和改进课程设计、教学方法或教学进度等。终结性评价是期末对课程的评价，包括学生和教师对课程的评价。它关注的是课程的有效性问题，如教材使用、教学方法、教学内容排列顺序等是否适合学生和是否取得成效。终结性评价对教学过程不一定有帮助，但是对未来的课程开设和课程设计具有积极的影响。

评价一门课程，需要注意以下几个方面。

一是实施课程评价的主体。如果是形成性评价，通常是教师和学生来评价课程的效果。形成性评价比较关注对教学过程和教学环节的审视和反馈，故评价一般向多层次、多角度展开，且在课程实施的不同阶段进行；如果是终结性评价，除了教师和学生，学校以及校外其他教育管理机构也会通过官方的渠道来评价课程的效果。此外，也有学生家长和用人单位等参与课程评价。终结性评价侧重于对课程教学结果的总体评价，大多数时候为一次性的，一般在课程结束的时候进行。

二是评价的内容。评价内容涉及课程设计的各个阶段：需求分析、教学目标、课程内容、教学安排、教材教法、学习评价和课程评价。①需求分析是否获得所需要的信息？信息量是否充足？是否及时？学生是否明白提供需求的目的并做出正确的回答？②教学目标是否符合实际？是否适合学生？能否实现？如何做出调整？③课程内容是否满足学生需求？是否与其语言水平相匹配？是否既具有综合性又具有针对性？④教学安排是否按单元排列？是否具有循序渐进的过程？课程内容是否达到了平衡？教材是否在课程中得以循环使用？⑤教材教法是否得当？教材是否具有吸引力？学生是否有足够的机会学到他们需要学的东西？学生对自己的角色和教师的角色满意吗？⑥学生是否明白他们将如何以及为何被评价？学习评价活动能否评价出学生已经学到的知识和获得的能力？能否帮助学生诊断学习需求？能否测量出学习取得的进步或学习效果？⑦学生是否明白如何评价课程以及他们在课程评价中的角色？是否明白课程评价的目的？形成性评价是否及时？是否提供了有用的信息？

三是实施课程评价的目的。具体内容如下。

形成性评价的目的有：第一，评价课程的有效性，同时改变不理想的地方，以便使课程满足学生的需求。第二，为学生提供反映其对课程看法和建议的机会。第三，为课程的再设计提供有效信息。

终结性评价的目的有：第一，决定课程是否能够继续开设。第二，评价课程取得的成绩。第三，为课程的再设计提供信息。课程评价的目的既是帮助教师在教学过程中做决策，也是在课程结束时做决策。

四是实施课程评价的方法。课程评价可以通过系统的课堂观察、反馈（包括口头、笔头、个人和小组等不同反馈形式）、问卷、座谈、课程材料审查、排名活动等形式进行。

五是实施课程评价的时间。课程评价可以是周期性的，如按照自然的间隔时间（每周、每单元等）；也可以在学期的中期进行，或者在期末进行；还可以在出现问题的时候进行，以便及时解决问题。评价时间的选择取决于采用的是形成性评价还是终结性评价。

六是对于课程评价结果的利用。形成性评价信息有助于教师在教学中保留课程中取得成效的部分，改善课程中不尽如人意的地方。终结性评价信息有助于教师提高下一轮教学的质量。

第二节　高校大学英语课程评价的类型

在实际操作中，教师需要对学生进行评价，或对课程进行评价，或对授课教师进行评价。基于不同的评价目的，教师可以选择不同的评价类型。

根据不同的目的，课程评价可以分为三大类型：形成性评价、启发性评价和终结性评价。

形成性评价是课程发展过程中的一部分，旨在发现课程的优势与不足之处。它关注课程进程和课程的改进。其关注的问题包括：是否有充足的时间来完成教学目标？摸底考试是否能准确把握学生的水平？教材在多大程度上得到了认可？教师的教学方法是否得当？师生分别存在的困难是什么？如何提高学生的学习动机？学生是否有足够的语言练习机会？学习负担应该增加还是减少？等等。这些问题都是在评判教师的教学工作，如果以上各方面做得好，就应该保持下去。如果发现了问题，则需要在之后的教学中加以完善。

启发性评价探寻课程各个方面的实施情况，目的在于加深对教学过程的认识，但并不一定要对课程做出改变。其关注的问题包括：学生如何开展小组活动？是否所有学生都有参与？教师使用哪些纠错策略？教学中教师做出了哪些决策？教师如何使用教案？课堂上师生互动模式有哪些？学生学习不同类型的课文时使用哪些阅读策略？学生如何理解教师讲课的意图？哪些学生在课堂上最积极/最消极？等等。设计这些问题的目的是进一步认识和理解教学实践，深入地了解学生。许多课堂行动研究或教师探究都可以看作启发性评价的一种表现形式。

终结性评价是教师和教学管理人员最熟悉的一种评价形式，它是在课程结束后对课程各个方面的效果与可接受性所做的决策。其关注的问题包括：课程是否有效？是否达到了教学目标？学生学到了什么？师生对课程的认可度如何？教材是否适用？课程目标是否得当？入学考试和成绩测试是否适当？每个单元使用的时间是否足够？教学方法是否得当？课程实施过程中遇到了哪些困难？以上问题主要是针对课程的效果所做的评价，是对整体结果的评判。评价获得的信息将对下一轮的教学设计具有指导意义。在教学实践中，教师较多使用形成性评价和终结性评价。在教学研究中，则较多使用启发性评价。

第三节　高校大学英语课程评价的方法

在根据需要确定了使用某一种课程评价类型之后，就应该考虑用何种方法来进行评价。通常会想到量性评价方法和质性评价方法。

量性评价方法是指基于数据的评价，是用数字来表示或解释某种现象。许多测试获得的信息都是通过数字来表示频率、等级或百分数。除了测试，课堂观察量表、调查问卷等也是获得数字信息的渠道。量性评价往往需要搜集很多的样本，按照统计学的方法发现其规律和趋势。分析数据是一项客观的工作，相对而言比较简单，因为不涉及任何主观的决策。

质性评价方法是指无法用数字而是依靠主观评判或观察来解释某种现象。课堂观察、访谈、日志和案例分析所获得的信息皆属于质性的资料。质性评价方法具有自然性、整体性以及启发性的特点。例如，教师可以在真实的语言环境中观察学生使用语言的情况。而测试则不具备这个特点。相对量性评价需要搜集很多的样本，质性评价只需要少量的样本就能搜集到大量的信息。但是分析这些信息比较困难，因为它们是开放式的，没有标准答案，要通过分析、解释以及说明才能产生意义。质性评价在课程评价中的作用非常重要。

在语言项目的课程评价中，量性评价方法和质性评价方法同时使用可以起到互补的作用，使得评价结果更加全面、更加准确。例如，评价学生期末口语成绩，可以同时使用多种评价方法：第一，口语水平测试（量性）；第二，观察学生课堂口语表现，提供一个整体性的等级（质性）；第三，学生自评口语能力的提高（质性）。

有学者总结了课程评价中的主要观测点及与之相匹配的方法和工具，如表 6-1 所示。它们对教师实施课程评价具有重要的指导作用。

表 6-1　课程评价观测点及其方法

观测点	方法和工具
教师信念	问卷；访谈；课堂观察；评论教案
教师能力	课堂观察/教学录像；自评考查；问卷；访谈；课堂观察；评论教案
教师实践	课堂活动记录；评论教案；课堂观察/教学录像；问卷；访谈
学生行为	学生访谈；学生问卷；课堂观察；教师日志；教师访谈
学生学习	单元测试；统一考试；教师日志；学生作业；两个学期/两个班级的成绩比较；访谈（学生和教师）；问卷（学生和教师）

评价教师信念，通过问卷的方法可以获得一部分信息，但是有一定的局限性，因为有的问题只能得到比较表面性的答案。如果再加上访谈的手段，则能够对问题进行比较深入的探究。课堂观察能够通过实际教学行为了解教师的信念，也更具有信度。评论教案可以通过教学设计、教学步骤、教学方法等了解教师的信念。

评价教师能力，最直接的方法是课堂观察。如果时间或条件不允许，则可以对课堂教学进行录像，等有时间的时候再观看和评价。这种方法比较客观和真实。此外，教师还可以对自己的教学能力进行自评，从主观的角度对自己的教学进行评价。两者结合起来评价能够比较全面地掌握教师能力。如果再配合问卷、访谈以及评论教案则有望获得全方位、综合性的教师能力信息。

评价教师实践，首先需要深入课堂，课堂观察的重点是记录课堂活动，从课堂活动的设计、组织与实施了解教师的课堂教学实践。教案、问卷和访谈又能够从多个方面补充有关教师课堂实践的信息，并提供教师课堂实践背后的理念和目的。

评价学生行为可以从两个方面开展，学生方面通过访谈、问卷与课堂观察获得学生行为的相关信息。教师方面从访谈教师和教师日志中获得学生行为的相关信息。两方面信息的汇总对教师评价学生行为很有帮助。

评价学生学习情况，测试是最直接和便捷的手段。此外，课内外的作业也是重要的评价方法。两者的结合是形成性评价的常用形式。另一方面，教师日志也是了解学生学习情况的重要途径。两个学期或两个班级的成绩比较有助于教师掌握学生学习的进展情况。对学生和教师分别进行教学访谈和问卷调查又能获得更多的有关学生学习的信息。

以上课程评价的主要观测点包括两个方面：教师和学生。教师方面的评价从教师信念、教师能力和教师实践三个角度开展；学生方面的评价从学生行为和学生学习两个角度开展。评价方法涉及课内和课外评价、质性和量性评价、主观和客观评价、笔头和口头评价等多种形式。

也有学者分析了课程评价中常用的方法及其优缺点。该学者分析了测试（期中、期末考试或国际性的考试、平时作业或小测验）、两种教学模式的比较（相对有效性的比较）、访谈（访谈教师和学生、结构式和开放式访谈）、问卷（获得教师和学生对各类问题的意见）、教师书面评价（教师填写课程评价反馈表）、教师日志（对课程的印象和体验的记录，包括完成的任务和遇到的困难等）、教师课程档案（如授课记录、教材使用、出勤记录、学生分数及时间记录等）、学生日记（记录课程的有关事件，如做作业所花的时间、课外活动等）、个案分析（教师对课程或课程的某些方面进行案例分析）、学生评价（学生在课程之中或之后对课程的笔头和口头反馈）、教学录像（反映不同教学风格和教学模式的课堂教学录像）、课堂观察（同行教师或指导教师定期听课，最好使用结构式的观察量表或等级量表）等多种方法的特点和用法，并讨论了各种方法的利和弊。

目前，国内课程评估和教学评估一般采用以下评价方法。

（1）学校或学院自评：根据各类观测指标写出自评报告，供评估专家阅读。

（2）档案资料审查：学生资料（试卷、作业、课程论文、毕业论文、四级或八级统考成绩、各类获奖证书等）、行政文件、培养方案、教学大纲、教师教案、教师课程档案（课程介绍、授课计划、教材介绍、出勤记录、平时成绩记录、考试/考查报关单、学生成绩单以及成绩分析表）等资料，供评估专家审查。

（3）课堂观察/随堂听课：评估专家了解教师信念、教师实践、教学方法和教师能力；了解学生课堂参与情况、语言能力和学习动机。

（4）座谈：评估专家分别与师生座谈，了解他们对课程和教学的认识、看法以及建议。此外，评估专家与学生的座谈是用英语进行的，旨在了解学生的英语口语能力和思辨能力。

可见，评价方法、评价手段和评价工具多种多样。教师应该合理掌握它们，以便在实践中根据具体目的和实际需要，选择合适的方法，将评价工作做好。

应当注意的是，量性的评价和质性的评价有较大的差别。首先，量性评价搜集的信息为数字信息，数据统计和分析都是基于数字进行，不牵涉主观的决策，所以分析相对比较简单；而质性评价搜集的信息多为文字描述，分析比较困难。它需要评价者从信息中发现主题、特性和规律，并做出主观判断和进行解释。其次，质性评价比量性评价更加全面、更加自然，因为搜集信息是在自然的语言环境中完成的，而且更有可能开展深层次的探究。最后，量性评价只需要评价者在已经设计好了的项目和选项中做出选择，没有太多主观思考和发挥的空间；而质性评价，特别是非结构性的课堂观察，则需要评价者自己寻找观测点，自己归纳、提炼观点。它对专业视野和专业功底有一定要求，故更具挑战性。不过，在语言课程评价中，量性评价和质性评价都很重要，它们具有各自的特点，能够满足不同的评价目的。如果将两者结合起来使用，评价效果会更佳。

参考文献

[1]成畅．大学英语教学与课程建设新探索[M]．长春:吉林人民出版社,2021.

[2]赵长林,王桂清,李友雨．大学课程与教学研究[M]．北京:北京理工大学出版社,2020.

[3]张文忠．外语课程改革与实践新论[M]．天津:南开大学出版社,2020.

[4]陈细竹,苏远芸．大学英语教学模式的革新与发展研究[M]．长春:吉林人民出版社有限责任公司,2021.

[5]丁睿．大学英语教学发展研究[M]．长春:吉林人民出版社,2019.

[6]周保群．大学英语教学模式与课程建设研究[M]．重庆:重庆大学出版社,2020.

[7]朱金燕．大学英语教学改革探索[M]．武汉:中国地质大学出版社,2018.

[8]包虹明,廖丹璐．基于教学改革的大学英语教学实践[M]．北京:北京工业大学出版社,2019.

[9]刘政元．大学英语教学改革与创新实践[M]．长春:吉林出版集团股份有限公司,2019.

[10]陈莹．大学英语课程与教学改革发展研究[M]．长沙:湖南师范大学出版社,2018.

[11]谢小苑．大学英语新课程体系探索[M]．北京:光明日报出版社,2019.

[12]李国金．大学英语教学基础理论及改革探索[M]．北京:北京理工大学出版社,2018.

[13]王淑花,李海英,孙静波,等．大学英语教学模式改革与发展研究[M]．北京:知识产权出版社,2018.

[14]薛燕．基于教学改革的大学英语教学实践[M]．延吉:延边大学出版社,2018.

[15]陈莉．英语教学与互联网技术[M]．北京:光明日报出版社,2017.

[16]季舒鸿,王正华．高职英语教育理论研究与实践探索[M]．合肥:安徽大学出版社,2012.

[17]李婷．跨文化交际研究与高校英语教学创新探索[M]．北京:九州出版社,2019.

[18]王二丽．英语教学论[M]．北京:新华出版社,2018.

[19]武琳．大学英语教学模式与课程建设研究[M]．长春:吉林大学出版社,2016.

[20]杨廷君．大学英语课程建设理论与实践[M]．北京:国防工业出版社,2013.

[21]欧阳慧．分级教学模式下大学英语课程体系的构建[J]．百科论坛电子杂志,2020

(14):330-331.

[22]蒋乡慧.传统式与创新式大学英语教学体系的对比研究[J].亚太教育,2020(2):33.

[23]赵慧敏.基于建构主义理论的任务型教学在大学英语教学中的应用[J].辽宁医学院学报(社会科学版),2015,13(4):133-135.

[24]黄燕珍.任务型教学法在大学英语教学中的应用与实践[J].食品研究与开发,2022,43(13):235.

[25]肖莉艳,杨祎,苏丽.思辨能力培养视角下的大学英语教学策略研究[J].花溪,2023(8):13-15.

[26]郑娜.多元互动教学模式在大学英语教学中的运用研究[J].经济与社会发展研究,2020(9):283.

[27]李淑明,叶红,张迎梅.构建大学英语教学管理体系的方法[J].农家参谋,2019(8):242.

[28]潘丽.多元智能理论下大学英语教学评价体系的构建研究[J].今天,2021(19):1-3.

[29]王培,赵金欣.大学英语线上混合式教学体系的可行性和实效性探究[J].校园英语,2020(39):57-58.

[30]肖志艳,王芳.创新型人才培养背景下的大学英语教学体系构建研究[J].海外英语,2019(2):146-147.

[31]苗琳娜.大学英语分级教学课程体系存在的问题及改革构想[J].现代英语,2022(11):9-12.

[32]张芳芳.智慧教育背景下大学英语教学方法的创新型发展[J].视界观,2020(21):1-2.

[33]郭磊.浅谈大学英语教学中课堂导入的方法[J].山海经:教育前沿,2020(1):1.

[34]江艳许.基于"互联网＋"时代背景下大学英语教学改革与发展[J].教学方法创新与实践,2019,2(8):297.

[35]武晓燕,施洋,金国臣.基于翻转课堂理念的大学英语教学方法与策略研究[J].林区教学,2023(2):87-90.

[36]张谊波.基于微课堂的大学英语教学改革方法探究[J].现代英语,2022(1):5-8.

[37]张媛.基于翻转课堂模式下大学英语教学方法探析[J].中外交流,2020(9):43.